山东省社会科学规划研究项目

基于认知理论的汉英复合构词模式对比研究　批准号 23CYYJ10

烟台市社会科学规划研究项目

基于认知理论的汉英复合构词分析　批准号 YTSK-2023-046

认知语言学解析及其在英语教学中的应用

吕晓军　著

新华出版社

图书在版编目（CIP）数据

认知语言学解析及其在英语教学中的应用 / 吕晓军
著 . -- 北京 : 新华出版社 , 2024. 7. -- ISBN 978-7
-5166-7436-9

Ⅰ . H319.3

中国国家版本馆 CIP 数据核字第 20242QV391 号

认知语言学解析及其在英语教学中的应用

著者：吕晓军

出版发行：新华出版社有限责任公司

（北京市石景山区京原路 8 号　邮编：100040）

印刷：河北万卷印刷有限公司

成品尺寸：170mm×240mm　1/16　　　印张：14　　　字数：220 千字

版次：2024 年 7 月第 1 版　　　　　印次：2024 年 7 月第 1 次印刷

书号：ISBN 978-7-5166-7436-9　　　定价：88.00 元

微店　　　视频小号店　　　抖店　　　京东旗舰店

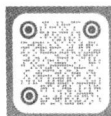

微信公众号　　　喜马拉雅　　　小红书　　　淘宝旗舰店　　　扫码添加专属客服

前　言

　　认知是人类的重要机能之一，也是人类认识和理解事物的行为与能力，其运作过程主要依靠人脑的思维。人类通过大脑的思维活动创造并使用语言开展交际活动，从这个角度分析，认知与语言有着密切的关系。语言与认知之间相互联系、相互影响：一方面，认知制约着语言的组织与表达；另一方面，语言符号具有提示功能，制约着认知的取向和推断的方向，而认知语言学就是一门从认知的角度出发研究语言的学科。

　　当今世界，伴随着经济全球化和文化多元化的发展，来自不同国家和地区的人们之间的沟通与交流也越来越频繁，此时英语作为国际通用的主要语言是人们必不可少的交流工具，因而英语人才仍然是时代发展需要的人才，尤其是具有创新精神和实践能力的英语人才。英语教学作为培育英语人才的主要途径，仍然肩负着为国家和社会培养人才的重任。为了更好地完成培养英语人才的任务，进行英语教学改革势在必行。将认知语言学理论应用到英语教学改革的实践中，能够帮助教师优化教学策略，提高教学水平，完成教学任务，从而使学生了解语言形成和发展的机制、影响语言表达的诸多因素。

　　本书共包括八个章节的内容。第一章首先介绍了语言与认知的相关知识，包括语言的本质和特征、认知的概念与内涵、语言与认知的关系等，从而为后续章节内容的论述奠定了基础；第二章在上述内容的基础上引出了本书的主题——认知语言学的相关分析，包括认知语言学的定义、认知语言学的起源与发展、认知语言学的哲学基础等内容；由于本书研究的主要内容是认知语言学在英语教学中的应用，而英语教学与语言习得理论息息相关，因此本书第三章论述了认知语言学视角下的语言习得观点和机制，并介绍了二语习得中常用的认知语言学概念；第四章承上启下，阐述了英语教学的理论基础、教学原则、教学内容和教学模式；第五章到第七章为本书的主体部分，分别阐述了构式语法理论、图式理论和言语行为理论的概念内涵及其在英语教学中的具体应用；第八章作为补充，介绍了其他一些认知语言学因素对英语教学的影响和启示，包括情感因素、文化因素对英语课程教学的重要启示以及在这些启示下开展英语教学的方法策略等内容。

虽然本书在阐释和论述的过程中力求语言表达简洁、行文通顺合理，但由于作者能力水平有限，书中疏漏之处在所难免，有待进一步完善，因此恳请广大读者批评指正。

目　录

第一章　语言与认知

第一节　语言的概念与内涵

一、语言的本质

关于语言的本质，不同的学者从各自的研究领域出发给出了不同的解释，此处主要介绍两种主要的观点。

（一）语言是符号系统

1. 何为符号

在人类和其他生物共同存在的世界里，随处可见符号的踪迹。例如，马路上的红绿灯符号提醒人们遵守出行规则；医院内禁止吸烟的符号提醒人们注意身体健康和维护环境；自然界中一些动物会通过气味符号划分领地或寻找食物等。可以说，人们的生活中充满了符号，世界各地时刻发生着符号行为。通常情况下，符号可分为两大类，即人类创造的符号和自然界创造的符号。其中，人类创造的符号又可进一步分为语言符号和非语言符号，语言符号包括语音符号、语调符号、文字符号、手势符号等，非语言符号包括音乐符号、建筑符号、行为符号、影视符号等。①

---

① 刘传启. 语言学概论 [M]. 北京：北京希望电子出版社，2016：30.

根据以上分析可知，符号学涵盖了人类当前学术领域的几乎所有学科门类，尤其是人文学科，符号学为跨学科的交流与研究创造了条件、提供了载体。语言学家索绪尔就曾在他的著作《普通语言学》中论证了符号学的重要性，并强调语言的本质就是符号，语言学属于符号学的分支，这是阐述符号学和语言学关系的一种观点，还有一种观点认为符号学与语言学毫不相关。这两种观点各有一批支持者，他们各持己见，认为自己的观点是正确的。

本书认为，符号学作为一门跨学科的研究工具，在一定程度上包括了语言学的研究内容，它赋予了语言学新的研究角度，但语言学并不完全属于符号学，语言学自身有些特点是符号学理论无法解释的内容。尽管如此，语言还是人类创造的众多符号系统中的一个典型代表，也是人类使用频率最高的符号体系，因此需要以符号学的研究为背景展开对语言的跨学科研究，从而为语言学的发展开辟新的道路。

2. 符号系统

所谓系统，就是指由性质相同或相似的事物按照一定顺序和内部联系组成的整体，如自然界的生态系统、环境系统、人体的消化系统等。一个符号需要在特定的系统中才能表示特定的含义，如果把它放在其他符号系统中，它可能就失去了原有的含义，或者被赋予新的含义。例如，在地图上人们一般用绿色表示森林，红色表示海拔特别高的地区；但绿色、红色在交通信号灯系统中则分别表示通行和禁止通行。符号系统的范围广泛，可以划分为以下几大类别（图 1-1）。

```
                    ┌─── 动物符号
        符号系统 ───┤
                    │               ┌─── 自然符号
                    └─── 人类符号 ───┤
                                    │               ┌─── 语言符号
                                    └─── 人工符号 ───┤
                                                    │                ┌─── 文字符号
                                                    │                ├─── 盲文
                                                    │                ├─── 语言替代符号
                                                    │                ├─── 旗语
                                                    └─── 非语言符号 ──┼─── 手语
                                                                     ├─── 电码及基他
                                                                     ├─── 形式语言符号
                                                                     ├─── 体态符号
                                                                     └─── 艺术符号
```

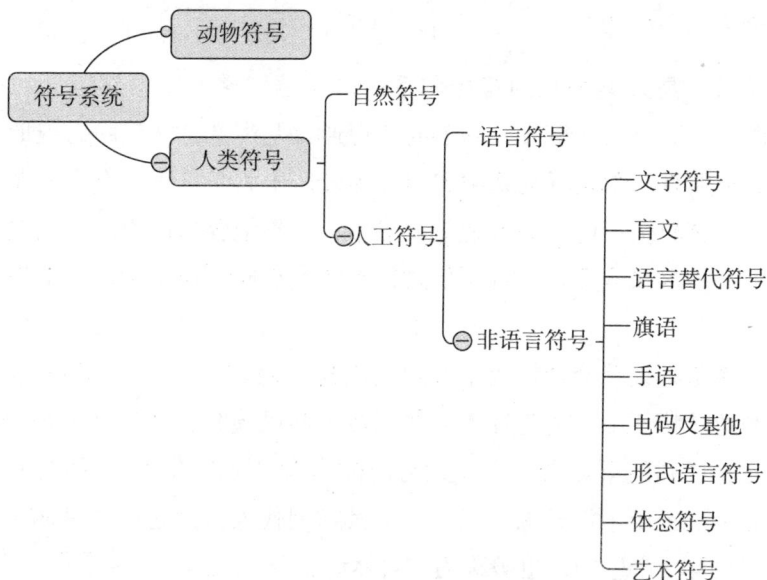

图 1-1　符号系统的划分

与此同时，符号系统还具有较强的主观性。这主要是因为符号系统是依靠编码组织起来的。人们根据一定的规则把符号的能指和所指结合起来，体现符号的符指过程，符号使用者在此过程中承认符号能指和所指的关系并在使用时遵守这种关系，这就构成了一个符号系统。不同的符号系统有不同的组成规则，因此，相同的符号在不同的符号系统中含义不同。

具体分析符号的能指系统和所指系统，就可以看出它们的区别。符号的能指系统就是符号的形式系统，它包括符号的形状、读音等；符号的所指系统就是指它的意义系统，即能指系统的对象。"意义"两字看似简单，却不是一个简单的概念，尤其在语言符号系统中，其意义系统所涵盖的内容更是十分复杂。

来自不同符号系统的符号之间的转换需要通过翻译或者释义来实现。符号学中的翻译，不单指语言符号之间的转换，而是指任意两个符号系统之间的转换。例如，可以把猫咪的叫声、动作意义系统翻译为人们可以明白的语言，可视语言符号系统又可转换为盲文符号系统。符号系统之间的转换和翻译要求翻译者必须熟悉原符号系统和目标符号系统，并考虑它们之间的文化差异，使用翻译技巧。

3.语言的符号性

语言系统是人类特有的符号体系，语言是传递人们思想信息的符号形式，通常由言语和文字组成。言语的表现形式是声音，文字的表现形式是图形，它们分别对人们的听觉系统和视觉系统产生刺激。语言作为外在表现形式和内在含义的统一体，自身就是"音形义"相结合的产物。语言是所有符号系统中最基本和最重要的符号形式，是人类存储、传递和加工信息的基本工具。

语言系统是以社会群体为单位约定俗成的固定系统。不同的社会群体因其所处的地域特征和文化特征不同发展成不同民族时，语言的差异会成为民族之间互相区别的重点内容之一，它们被称为"民族语言"。因为民族语言的产生和发展经历了漫长的年代，所以其被现代人认为是远古时期由于人们生存的需要自然产生的，也被称为"自然语言"。

（二）语言是交际工具

语言是一种重要的交际工具，因为语言可以用来传递信息，表达情感和态度。语言是一种交际工具，具体可以从两个方面理解。

1.语言是最重要的交际工具

人类是群体性动物，每一个人都不能脱离社会而正常生活，只要人处在社会中，就需要与他人展开交际。其中语言无疑是使用最广泛、效率最高的交际工具。其他交际工具如文字、手势、身势、旗语等都是以语言为基础创造的辅助交际工具，由于受各种条件的限制，这些社交方式有时容易被理解错误或得不到理解，因而不能和语言相比。根据上述分析可知，语言是最重要的交际工具。

2.语言是人类独有的交际工具

（1）动物语言与人类语言存在区别。虽然动物与动物之间也存在交际，也会使用不同的交际方式来传递信息和表达情感，但动物之间的"语言"与人类语言存在很大的区别，人类语言所具有的很多特征如社会性、心理性、物理性、任意性、能产性是动物语言不具备的。

（2）动物无法掌握人类的语言。动物无法真正掌握人类的语言，如果能学会，就不能说语言是人类独有的交际工具了。例如，鹦鹉学舌模仿人们说话，只是掌握了只言片语，他们既无法理解语言的含义，也不能像人类一样运用已经掌握的语言创造出各种各样的句子、片段和篇章。所以说，能否掌握语言，是人与动物的根本区分标准之一。

二、语言的功能

（一）语言的心理学功能

语言的心理学功能是人们认知外部世界、尝试与客观外部世界沟通的手段，属于内在的、主观的功能。具体可分为命名功能、陈述功能、表达功能、认知功能和建模功能。

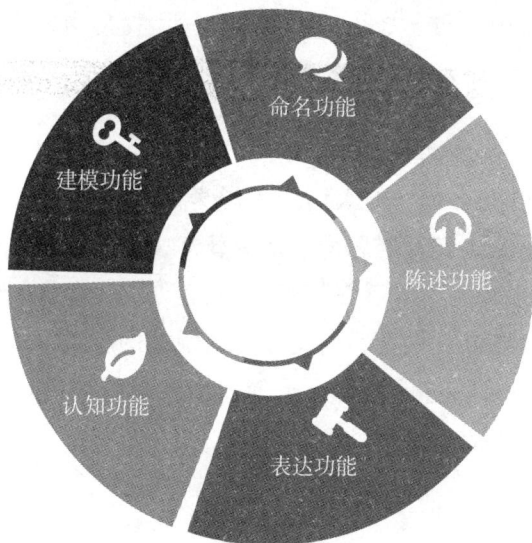

图1-2 语言的心理学功能

1.命名功能

语言的命名功能是指语言具有标识事物或事件的功能。赋予个人体验以名称，是人类强烈的心理需求，这种需求具有重大的意义。当人类社会没有产生语言时，人们可以看到世界上的各种事物，感觉出它们之间的差异，但却无法很好地表达出来。这时人脑中只存有一些对见过事物的简单意识。随着人们见过的事物越来越多，但这些事物却没有一个标识或者具体的名称，人脑的负担就会越来越重，这时大脑的记忆功能就会减退，对事物的表达也会受到影响。

在这种情况下，人们就必须为事物命名，一些名称逐一出现，丰富了人们对这个世界的认识。这也是语言最初诞生的原因。随着语言的产生和发展，为不同事物和事件命名以及赋予事物不同意义的问题得以解决，人类大脑的记忆力和理解能力也得以提高，从而促进了人类智力的发展。

2.陈述功能

陈述功能是指语言具有说明事物或事件之间关系的功能。随着社会的发展和文明的进步，语言的命名功能已经不能满足人们的交际需求和生活需求。因为日常生活中人与人之间、人与物之间、物与物之间总是存在着各种隐藏或明显的关系，而人们有表达这些关系、描述这些关系的客观需求。

3.认知功能

认知功能是指语言是一种人们用来思考的手段或媒介，这也是语言最重要的功能。语言是人们开展思维活动的载体，无论是简单的思维还是复杂的、抽象的思维，其基本运行都离不开语言。语言助力大脑开展识记、比较、分析、概括、判断、推理、创造等更高层次的思维活动，从而使人类的智力和能力得到发展，进而帮助人类创造出各具特色的物质文化和精神文化，丰富了人们的生活。

4.表达功能

表达功能是指语言是人们用来表达主观感受的一种方式手段。此时它既可能是一个词语，也可能是一个短语或完整的句子。它表现出人类对客观世界的反应，是人们自然情感的流露。例如，当人们遇到自己喜欢的事物或做自己喜欢的事情时就会说"真棒""好开心"之类的话；当人们对某事表示同意或赞成的时候会说"可以""没问题"之类的话；当人们遇到或者听说不好的事情而感到害怕、不可思议时就会说"怎么可能""应该不会吧"之类的话。除此之外，语言的表达功能还可以指人们通过推敲和研究词句的结构、韵律、语篇框架等来传达个人思想、情感的行为，如演讲词、散文、诗歌等。

5. 建模功能

建模功能是指语言可以建构反映客观现实的认知图式的功能。这是因为随着语言文化的发展以及人类认知能力和表达能力的提高，语言中的词语开始建构出反映客观世界的图式结构，也就是说，由成千上万个词语构成的词语符号系统搭建起了反映大千世界的模型。在这个模型中，词语被分为若干层次，层次靠下的词称为"下义词"，层次靠上的词称为"上义词"，下义词相对于上义词来说描述的事物更加具体。

（二）语言的社会学功能

语言的社会学功能是指语言具有帮助人们开展人际沟通的功能，也可以称为语言的交际功能，它是人们进行沟通的心理过程，具有显性和交互性特征。根据语言学家奈达的研究，语言的社会学功能具体又可分为以下五种（图1-3）。

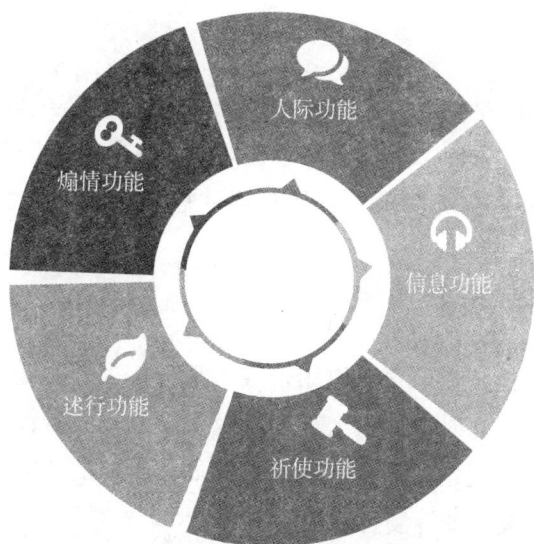

图1-3 语言的社会学功能

1. 人际功能

语言的人际功能是指语言可以用作保持或者改善人际关系的方式和手段。语言人际功能的具体表现是人们在交际的过程中，往往会根据交际对象身份的不同、交际场合的不同而采用不同的用语，包括礼仪用语、外交用语、法庭用语等。这样在赢得别人尊重的同时还能彰显自己的身份地位。与此同时，有时人们谈话的目的并不是获取信息、彰显地位，而仅仅是保持亲密关系。例如，中国人碰见熟人喜欢问"去哪啊""吃饭了吗"这一类的话，并不是真的想知道对方的行踪和是否用餐，而是出于礼貌和客套说的场面话。

2. 信息功能

语言的信息功能是指语言具有传递信息的重要功能。通常情况下，人们在谈话时都会向他人传递相关的信息，这些信息有可能是浅显易懂的，也有可能是有内涵的、人们需要思考才能明白其中含义的。人们所传递的信息必须符合信息接收者已有的信息水平和信息结构，否则信息接收者将无法接收传递过来的信息。例如，给幼儿园的小朋友讲古文和微积分，他们是无法理解、无法接收的。

3. 祈使功能

语言的祈使功能是指语言具有发布指令的功能。在言语交际活动中，人们往往会遇到提醒、告诫、指挥、命令和请求他人的交际需要，这时就需要使用祈使句型来表达交际需求。祈使句型往往会对受话人的行为举止产生影响。

4. 述行功能

语言的述行功能是指语言可以用来宣布某种行为的实施或者某个事件的发生、进程、结果。此时说话人大都是权威人士或代表着权威机构，使用的语言也是十分正式、规范的词语和句式。例如，政府的新闻发布会、国际组织或机构举办的相关活动等场合使用的语言。

5. 煽情功能

语言的煽情功能是指语言具有煽动他人情绪、影响他人心情的功能。因为在一些特定情况下，人们输出语言不是想传递什么信息，而只是想激发听话者的情感，影响他们的情绪。一般来讲，词语的联想意义或内涵意义越是丰富，就越容易达到煽情的目的。

三、语言的特征

根据目前的研究分析，语言具有以下四种特征（图1-4）。

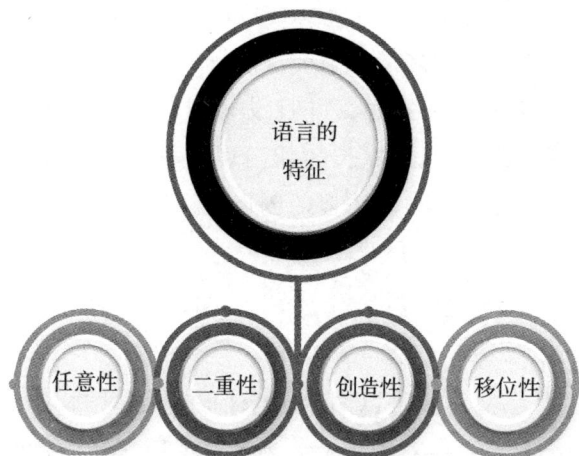

图1-4 语言的特征

（一）任意性

语言学家索绪尔最早提出了"任意性"这一语言的特征，目前这一特征已广泛被人们接受。语言的任意性特征是指语言符号的形式和意义之间不存在必然的联系。人们不能解释为什么中文中的"书"在英文里就叫作 book；中文中的"好"在英文中就叫作 good。语言的任意性还体现为三个不同的层次，即语素音义关系的任意性、句法层次的任意性和相对任意性的约定性。

（二）二重性

语言的二重性是指语言具有两层结构层次，底层结构的元素组成上层结构的单位，每层结构都有各自的构成原则。通常来讲，话语的组成元素是本身不传达意义的语音，语音的唯一作用就是相互组合构成有意义的单位，如词。语音是底层单位，没有意义，与词等上层单位相对立，因为上层单位有独立且明确的意义。二重性只能存在于语言系统中。

（三）创造性

语言的创造性是指语言的二重性和递归性使语言拥有无限变化的能力。利用语言，人们可以创造出新的意义。实践证明，同一个词语通过新的使用方法能表达出与原来不同的意思，并且没有使用过这种方法的人听到这个词也能理解新的意思；人们还擅长为新出现的事物或事件起新的名字，这也是语言创造性的体现。此外，语言的创造性还体现在它可以组成无限长的句子。

（四）移位性

语言的移位性是指人们可以用语言来描述不在交际现场的物体、事件以及概念。例如，人们可以对历史上著名人物的所作所为畅所欲言、发表评论，尽管他们是几百年甚至几千年前的人物；可以讨论火星上存在的物质，尽管火星距离人们非常遥远；还可以说下个月天气就变暖和了，尽管下个月还没有到来，这就是语言的移位性。

第二节　认知的概念与内涵

认知指的是人类大脑理解和认识事物的行为与能力，是一个内在的心理过程。由于认知和人类思维有着密切联系，本节从对思维的分析入手对认知进行分析。

一、思维的内涵解析

（一）何为思维

有些科学家认为思维是人脑的机能。但有些科学家发现，动物也有思维，通过思维锻炼出创造工具的能力是人类与动物都具备的能力，也就是说，应当承认动物思维的存在，只不过动物的思维比较简单、低级；人类的思维比较高级、复杂。

而人类思维与动物思维本质上的不同在于各自运用的不同的语言思维方式。人类即使在睡梦中都可以不停地思考，思考个人在社会中的角色、地位，思考如何实现自己的愿望和目标等。通过思考，人类能透过事物的表象看到事物的本质，发现事物运行的规律，从而使自身更适应社会的发展要求，并在发展过程中获取自己需要的东西。因此，可以说人的思维是对客观世界的一种反映，是人类在认识客观事物时开动脑筋进行比较、分析的过程。

人类几乎每时每刻都在运用自己的大脑开展着思维活动，进行着创造，但人们却很少思考自己的"思维"，对人类思维的整体研究也无法独立成科。钱学森教授特别强调思维的重要性，提出把思维科学提升到与自然科学、社会科学同一高度。这样一来，人们就能清楚地看到思维科学的位置，诸如脑科学、心理学、语言科学、逻辑学等都可以统一在思维科学的体系之中。也可以重新思考思维的定义：首先，思维是人脑特有的机能，是在人的大脑中进行的"活动"与"过程"，是一种本能反应。其次，思维是人脑对客观事物的反映，它不能脱离现实而存在。最后，人类通过思维活动能认识客观事物的内在联系和运行规律，进而对客观事物形成概括性的反映。

在语言学领域，关于"什么是思维"这一问题，有这样两种观点：客观主义观与经验现实主义观。传统语言学信奉客观主义观，认知语言学信赖经验现实主义观。

1. 客观主义观

客观主义观在对思维的认识方面有三个具体体现：

（1）思维是抽象性的，可以操作抽象化符号，例如，假如 A 大于 B，B

大于 C，那么 A 大于 C。由此可见，人的符号思维反映着外部世界，并且能够再现外部世界。

（2）思维是独立存在的。思维不受任何个体的控制，它可以摆脱思维个体独立存在。

（3）思维有正确性和错误性。当外部世界与思维一一对应后，如果思维符号与外部世界的实体和范畴对应正确，那么客观存在于外部世界的实体、范畴的逻辑关系能够在人脑中真实地再现，这就能说明思维是正确的；如果思维符号与外部世界的实体和范畴对应不正确，那么客观存在于外部世界的实体、范畴的逻辑关系便不能够在人脑中真实地再现，思维就会是错误的。

2. 经验现实主义观

莱考夫（Lakoff）和约翰逊（Johnson）研究发现了客观主义的观点的不同，摒弃了客观主义的逻辑思维方式，从认知角度思考出了新关系，创建了经验现实主义哲学，并把它概括成以下两个方面。

（1）思维蕴藏在身体中，根植于感知中。社会、物理环境会对思维起到决定性的作用，如对于"上""下"这两个概念的感知，受到了万有引力的物理环境与人类直立行走的身体特征影响，并且在社会生活中，人们有许多相关经验与"上""下"有关，树木是向上生长的，雨季池塘里的水位会上涨，还有"人往高处走，水往低处流"的俗语等。"上"和"下"的意象图式结构都是在这些相关体验中感知并形成的。

（2）思维依赖于"隐喻"与"借代"，是想象的。例如，"某位患者状态低迷"，"低迷"隐喻状态不好，要想理解"状态"这个抽象概念，就要用到"低"这个具体空间概念。

（二）语言和思维的关系

世界上很多学者喜欢把语言比作承载思维的一种保护物质，可以把思维凝聚起来。但要注意的是思维与语言两者并不是等同关系。它们的关系密切又复杂，具有不确定性，但学者对它们的研究思考永不停滞。

法国哲学家埃蒂耶纳·博诺德·孔狄亚克（E.B.de Condillac）提出了语言领先于思维的观点，主张人类用语言控制思维。

让·皮亚杰（Jean Piaget）的观点与发生学观点相似，即智力先于语言而存在，思维先于语言。

萨丕尔—沃尔夫假说（Sapir-Whorf Hypothesis）提出语言决定论：一个人的思维全部由他的母语决定；语言相对论：语言来自不同的民族，不同民族的思维方式也不尽相同。该理论的中心思想便是语言决定思维。

苏联学者维果斯基（L.Vygotsky）的观点与萨丕尔—沃尔夫假说恰恰相反，他认为思维决定语言。

本书认为，思维和语言的关系是紧密相连、辩证统一的。思维不能脱离语言而存在，它必须借助语言开展工作；语言是思维的现实反映，是思维的产物，也为思维提供材料。具体分析，思维的过程就是人脑接收外界信息，并对外界信息进行加工和处理的过程。而外界信息诸如语音、文字等都是语言信息的组成部分。科学实验证明，语言信息的存储和加工都在物质大脑之中进行，这个过程就是思维活动进行的过程。[①]

与此同时，语言还是逻辑思维的工具。当大脑进行思维活动时，语言中枢就会根据思维活动产生的画面进行分析和编码，并且大脑会自动选择自己最熟悉的语言进行编码。对于掌握两种或两种以上语言的人来说，其语言中枢也会根据外界场景的变化和实际需求，自然地做出选择，表达思维活动的内容。对于学习外语的人来说，能用外语的思维方式理解和表达自己的思想是掌握一门外语的最佳体现，也是帮助学习外语者尽快掌握这门语言的有效途径。

二、认知的概念分析

要想更好地研究认知语言学，就要先知道"认知"（cognition）这一概念，《辞海》中关于认知的表述如下：

认知是一种认识的方式，是人类认识世界上的客观事物并获取知识的一种行为，其中包括记忆、言语、知觉、学习、思维等因素。作为心理学研究中的重要术语之一，认知是心理过程的一个组成部分，与情感、意志、动机等心理活动共同组成了人类的大脑机制，从而成为人类获取知识以及能力的基础。

---

① 刘传启.语言学概论 [M].北京：北京希望电子出版社，2016：51-56.

美国心理学家休斯顿（T.P.Houston）从认知心理学的角度出发，总结出了关于认知的五种结论。

（1）认知属于一种对信息的加工。人们根据自己的经验对接触到的信息进行记忆、理解和分析。

（2）认知是人们在心理上开展的一种符号运算过程，即人们在看到事物时心理上产生的感觉和变化。

（3）认知是解决问题的一种方式。有时出现问题的原因就在于人们的认知不足或认知错误，正确的、全面的认知可以帮助人们消除误解、解决问题。

（4）认知是一种思维形式。人们在进行认知行为的过程中，大脑在不断地思考、探索和分析，思维在不停地运转。

（5）认知是人体一种典型的能动活动。该活动包括了以下几种思想行为：感知、想象、记忆、概念、判断、思维、推理和语言运用等。

在以上五种结论分析中，第一条和第二条属于"信息加工论"，其在很大程度上将人脑视作电脑，这与认知语言学中认知的概念相差甚远；第三条和第四条认为认知领域研究的重点与核心是思维；第五条则是人们普遍认可的、广义上理解的认知概念。根据以上五点内容分析，可以从广义角度来理解认知的概念，也可以从狭义角度分析认知行为。然而，不管从哪种角度进行研究，都能看出思维是认知研究的核心内容。思维行为产生的基础是感觉、知觉、记忆、表象等，同时思维也会对这些内容的形成产生一定程度的影响。思维活动受大脑支配，是人类最重要的一种身体活动机制，也是信息加工必不可少的环节。从某种程度上来说，认知是思维活动过程的体现。

三、认知的内涵分析

人们生活在现实世界中，与世界上存在的各种人物和事物进行接触，因而产生了对世界的感知行为。人们感知世界的过程就是认知的过程。当然这一过程不是单向的，认知是人类对世界的探索和分析，世界反过来会对人类的认知行为产生作用。也就是说，认知是世界与人类相互作用的过程。在这一过程中，人类通过不断的探索加深了对世界的认识和理解，积累了很多实践经验，也总结出了相关规律。这就是认知的内涵之一。

此外，了解认知论的研究范围和基本要素也有助于了解认知的内涵。

（一）认知论的研究范围

"认知论"的研究范围十分广泛，囊括了人类认识的对象、本质、结构、规律等多个方面的哲学理论。如图1-5所示。

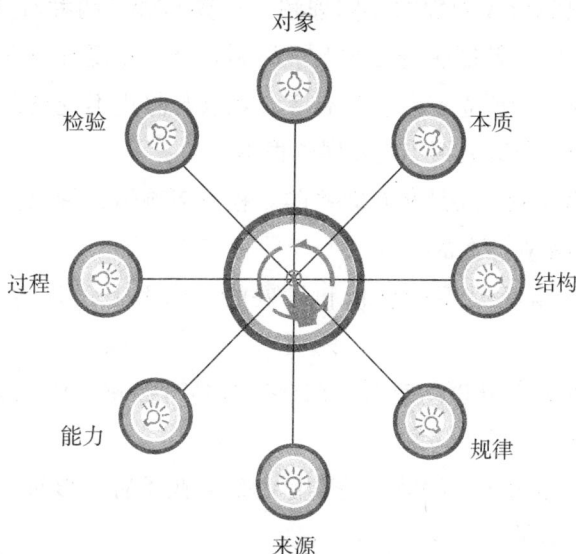

图1-5 认识论的部分研究内容

根据对认识的本质和来源的不同理解，学界形成了两种相互对立的理论：唯理论和经验论。唯理论又称"理性主义"，经验论又称"经验主义"，这两种理论都属于旧哲学认识论中的流派。其中唯理论认为人的理性认识才是正确的、值得信赖的，不承认感性认识的意义和作用，否认理性认识依赖于感性经验。经验论则与之恰恰相反，认为感性经验才是知识的唯一来源，人们掌握的一切知识都来源于感性经验。

根据对意识与物质二者关系的不同理解，学界形成了两种不同的认识论：唯物主义认识论和唯心主义认识论。唯物主义认为世界的本质是物质，物质先于意识产生，物质决定意识，意识是物质的反映，世界统一于物质。

唯心主义则认为世界的本质是意识，不是物质决定意识，而是意识决定物质，世界统一于精神。

根据对人类能否认识世界这一问题的不同回答，学界形成了两种对立的观点：可知论和不可知论。可知论认为思维与存在具有同一性，人的意识能够正确认识客观世界及其运行规律。不可知论认为人的意识不能或者不能彻底认识客观世界及其发展规律，认为人的能力不足以认识事物的本质，对科学真理的客观性持怀疑态度。

根据对认识的形成过程的不同理解，学界形成了两种对立的哲学阵营：辩证法和形而上学。辩证法与形而上学的对立充分体现在以下四组观点的对立上，即联系观点与孤立观点、发展变化观点与静止不变观点、全面观点与片面观点以及内部矛盾是否事物发展的根本动力。

辩证法认为世间万物是相互联系的、相互影响的；形而上学认为事物是单独的个体，是独立存在的。

辩证法认为事物是不断变化和发展的；形而上学认为事物是静止不变的。

辩证法认为人们分析问题时要综合考虑各种因素，要全面地看待问题；形而上学选择片面地分析问题。

辩证法认为事物运动的原因是事物内部存在矛盾；形而上学认为事物运动是外部作用的结果。

（二）认知的基本要素

目前人们普遍认可认知由以下两个基本要素构成：动觉图式和基本范畴。这两个要素是人类与客观世界在互动过程中产生的，能够被直接理解；其他的概念、范畴等组成认知的要素理解起来就比较困难，需要借助隐喻机制。

除了动觉图式和基本范畴这两个基本要素之外，认知还包括一个非常重要的成分，那就是语言。语言与人类的认知之间存在着密切联系，二者相互影响，不可分离。人们对语言理解和运用的过程其实就是认知处理的过程，人们把对客观世界的认知和体验总结成语言，表达自己的思想情感。由于认知活动本身难以观察，而语言的发展变化显而易见，因而语言就成为人们研究认知的重要媒介，于是形成了"现实—认知—语言—研究认知"这一模式。

第三节 语言与认知的关系

认知与语言关系紧密，备受关注，语言不仅是人类所拥有的一种特殊的沟通能力，也是人类心智活动和认知能力的表现，在生物或心理层面上反映着人类的心智能力，在社会层面上反映人类文明的进步。

语言和其他认知机制联系密切，是人类抽象符号思维能力最直接的代表。从认知角度研究语言已经成为语言学研究的一个主要方向。认知与语言的密切关系也是认知语言学指导英语教学的基石，要分析二者之间的关系，可以先了解一下传统的语言学观点与现代的语言学观点。

一、传统语言学观点

在传统的语言学观念中，认知与语言的关系可分为五种。

（1）自然语言具有客观的意义，这种客观意义是独立于人的思维及运用之外的，词语也具有明确、客观的语义，这种语义可以描述现实。

（2）世界上任何一种物体都具有内在特性，并独立于人的思维之外，语言就是一种可以表现物体内在特征的外在符号形式。

（3）语言作为一种体系，具有封闭性、自足性。

（4）人们对语言的研究主要表现在语言的描述如何反映或等同于客观现实情况等方面。

（5）语言与认知都是客观世界的一种直接反映形式。

可以观察出，在传统语言学观念中，认知与语言的关系内涵主要包括以下三点内容：

第一，人们可以用语言来指称现实世界中的物体，每一种语言元素都是一种映射，形容词映射了物体的特征，动词映射了不同物体之间的关系，名词映射了物体的名称等。例如，形容词"矮小"映射了物体高度的特点；动词"击打"映射的是两个物体之间的动作关系；名词"医生"映射了人物所属的职业。因为这些映射，人们获取了无限的意义。

第二，客观世界是一个充满意义的世界，意义无处不在，意义不是由人脑的思维产生的，不依赖于思维而存在。词语的意义和语言的使用者不会影响人们对词语含义的理解。例如，英语单词 cup 的意义"杯子"就是一种客观存在的物体，人们可以看到它、摸到它、感受到它，它真实存在，不是人们想象出来的、虚拟的物体。

第三，每一个句子都是对外部世界的指称，它所对应的是某种状态。语义学主要研究语言的意义，尤其是句子的意义，而真值条件是决定句子意义的主要因素，所以语义学研究的重点就是句子的真值条件。所谓句子的真值条件就是判断句子是否为真的条件，当句子与它指称的外部世界状态一致时，证明该句子为真。例如，只要了解"这道菜没放盐"这个句子在什么条件下是真的，就能明白这个句子的意义。在传统语言学中，人们只能用语言真实地反映外部世界，语言和语言使用者都处于一种被动的状态。

二、现代语言学观点

后来，现代语言观提出，语言是一种体系，具有依赖性和开放性，特别强调人类的认知能力在理解应用语言时的作用，认知与语言不可分割，人类智慧发展的成果是自然语言，人类认知体系的形成也离不开它。一般来说，现代语言观的认知与语言的关系有三种。

（1）认知能力是语言发展的基础，语言是认知的窗口。

（2）语言在很大程度上可以促进认知的发展。

（3）人类认知的成果一般通过语言来记载和巩固。

综合以上两个学派对认知与语言关系的解释，本书认为语言影响了人类思维和认知的取向，反过来，认知是决定语言结构能否成立的重要因素之一，例如，语言中的句法不能脱离认知结构而独立存在。虽然认知在一定程度上制约了语言的组织，语言也不具有包容认知的作用，但语言对认知的推演过程有一定的引导和提示作用。

人们开展言语交际活动的过程就是认知的过程。在开展言语交际的过程中，人们不断地接收信息，并尝试理解话语中蕴含的信息。人们根据接收到的有限信息激活和调动之前已经掌握的经验信息，并结合刚接收到的经验信息积极地展开假设和推断，进而得到新的未知信息。随着言语交际的逐步深入，人们也可以根据得到的最新信息逐渐修改之前错误的猜测，树立正确的意识，直到认知内容与客观情况完全一致。

语言与认知之间相互联系、相互影响的关系突出表现为以下两个方面。一方面，认知制约着语言的组织与表达，另一方面，语言符号具有提示功能，制约着认知的取向和推断的方向。也就是说，语言既可以引导认知正确认识客观世界，也可以引导认知偏离客观世界，例如，语言可以使人的思维沉浸在错误的主观思想中。

语言与认知之间虽然是相互影响的，但它们对彼此的影响是有限的。语言对认知的影响是有限的，因为影响认知的因素除了语言之外还有很多；认知对语言的制约是有限的，因而不能将认知模式等同于语言结构。认知至上理论和句法自主理论都是片面的、不完整的，认为认知模式与语言结构相同的想法是违背客观事实的。

语言本身是一个立体的、多维度的开放性系统。语言的制约因素除了认知以外，还包括民族、社会、文化、政治和历史等因素。例如，不同民族由于生存环境和发展历程方面存在的差异，在民族文化特点方面留下了印迹，并且影响到了该民族的观察和认知方式。客观事物自身表现为复杂的多维结构，并呈现出多个侧面。处在不同文化环境中的各个民族，虽然其在生理基础和认知能力方面差别不大，但在认知和观察事物的过程中，不同民族可能会关注事物的不同侧面，观察角度不同，因而观察到的事物特点不同，所使用的描述方法、所描述的具体内容也会有很大的差异。这样不同语言之间就呈现出一致当中包含差异、无规律中又有规律可循的局面。

实际上，语言系统中的每一个词语，都体现出民族文化的印记，人体的认知系统能敏感地捕捉到词语中的每个文化细节，尽管词语的表达者对此毫无意识。在词语的应用过程中，使用者根据表达需要调动了认知系统中所有相关信息，然后进行衡量、比较，最后从认知系统中选出一个最符合当下语境的词语。当然这个过程也是以认知为前提的。

认知语言学的基本假设是语言并不能直接反映客观世界，人类对世界的认知是语言反映客观世界的中介。语言结构在多大程度上、通过什么样的方式受认知规律的制约是认知语言学研究的主要问题。由于语义与认知之间的紧密联系，认知语言学注重形式和意义之间的对应关系，此处的意义不仅包含语言的语义特征，还包括观察事物的角度、意象图式等。

综上所述，大量语言事实和认知实践表明，不同文化环境下形成的认知模式制约着语言的意义表达；语言对认知具有特定的引导作用，但这种引导作用是有限的、受条件制约的；语言和认知之间呈现出双向、互动、交叉的关系，二者之间相互影响、相互制约。

第二章　认知语言学概述

第一节　认知语言学的含义

认知语言学是语言学科内的一门新兴学科，认知语言学主要是在认知科学的理论背景下建立起来的，同时两者之间亦有同步发展、相辅相成的关系。认知科学既推动了认知语言学的发展，成为后者的主要理论基础，同时也汲取了认知语言学的研究成果，认知语言学成为认知科学的主要组成部分之一。学者一般将认知语言学视为认知科学的一个分支，是认知研究和语言学的边缘学科。

"认知语言学"这个术语首先出现于 1971 年，用来指真正研究大脑中的语言。但人们所说的认知语言学诞生于 20 世纪 70 年代末，20 世纪 80—90 年代取得较大发展，自德尔文于 1989 年春在德国的杜伊斯堡组织了第一届认知语言学专题讨论会以来，此大会已召开了九届。这期间国内外出版了大量的论文和专著，还出版了《认知语言学》期刊。

基于体验哲学建立起来的认知语言学接受了乔姆斯基从心智角度研究语言的主张，但坚决反对他所主张的"天赋观、普遍观、自治观、模块观、形式观"。认知语言学认为，语言能力是人类认知能力不可分割的一部分，语言不具有自治性。据此，必须从人类感知体验和认知加工的角度来解释语言的来源。

由于认知语言学尚未最后形成一个完整的系统学科，各学科的学者对其理解也是仁者见仁、智者见智，因此尚缺少一个关于认知语言学的严密而又完整的定义。笔者综合当前著名认知语言学家所研究的基本内容、方法和观点，并根据自己的理解，将狭义认知语言学定义为"坚持体验哲学观，以身体经验和认知为出发点，以概念结构和意义结构为中心，着力寻求语言事实背后的认知方式，并通过认知方式和知识结构等对语言作出统一解释的新兴的、跨领域的学科"。这一定义还可进一步概括为"现实—认知—语言"。

该原则蕴含两个含义：从左向右是决定关系，即现实决定认知，认知决定语言，语言是人们对现实世界进行互动体验和认知加工的结果；从右向左是影响关系，即语言影响认知，认知影响语言，这也与"萨丕尔—沃夫假说"相吻合。

因此，认知语言学则应着力描写语言事实背后的认知方式，研究语言象似于认知方式的机制，因此，象似性也就成为认知语言学研究的一项重要内容。

该定义除上文述及的基本观点之外，还有两个关键词："认知方式"和"统一解释"。"认知方式"是指人们在生活实践中逐步形成的一些认识世界的策略，因此又叫"认知策略"。人们通过多年的研究，概括出如下基本认知方式：互动体验，意象图式，范畴化和概念化，认知模型（框架、CM、ICM、ECM、心智空间与概念整合等），隐喻转喻，识解（包括 FG、突显、参照点原则等），激活关联，象似原则；等等。

"统一解释"是指要用这些基本原则来解释语言的各个层面，如语音、词汇、词法、句法、语篇等。以往的语言学理论在分析语言不同层面时，往往采用了不同的方法，如用词法来分析词汇，用句法来分析句子，用组合原则等来分析语义，用会话含意、间接言语行为等来分析话语，语篇分析往往又要用另外的方法。而认知语言学则尽量简化和统一分析方法，尝试寻找适合分析语言所有层面的几种基本认知方式，这是其他学派所不及之处，也是这些年来所研究的重要心得。

《认知语言学入门》中温格瑞尔（Ungerer）和施密德（Schmid）二人把认知语言学解释为"认知语言学把语言看成一种认知活动，并将认知作为其出发点，对语言形式、意义和规律进行研究的科学"，这门学科是基于人们对世界的经验以及对世界进行感知和概念化的方法对语言进行研究的学科。

Philosophy in the Flesh 一书中莱考夫和约翰逊（Laloff & Johnson）对认知语言学的解释为：认知语言学是一种语言学理论，该理论意图用第二代认知科学的发现来解释尽可能多的语言。它吸收了第二代认知科学的研究成果，但是又不是对任何一种哲学科学的继承。它的假设方法是上文提到的方法论假设。用适合的方式方法总结归纳，寻求更广泛的证据，将语言学理论和思维与大脑实验发现结合起来。

我国学者认为认知语言学是认知科学的一个分支，是认知心理学与语言学相结合的边缘学科。认知语言学的基本理论和思想最开始引进我国的目的是寻求与语法描写和解释充分性的需求相适应。认知语言学的引入为语言学的研究提供了崭新视角。

总之，认知语言学是将语言看作认知活动的一种，并从人的角度出发，研究语言的形式、意义、发展规律，利用人类的经验与感知，与外部世界一起研究语言学的一门学科。认知语言学强调认知能力的参与作用，认为语言不能直接反映客观世界，要借助认知中间层次进行加工处理。

第二节　认知语言学的起源与发展

一、认知科学的产生和影响

人类对认知的探索年代久远。早在古希腊时期，柏拉图与亚里士多德二人都曾经对于人的知识的起源与性质进行了探讨研究，并发表论述。二者的观点对以后观念的形成与辩证提供了帮助。

笛卡尔（R.Descartes）曾说过"我思，故我在"，突出思维与理智的重要性。洛克（J.Locke）提出了"白板论"，也可以称为"感觉经验的白板说"。他把人类初始的心理比作一张白纸或一块白板，没有任何字迹在上面，人类的知识经验是通过后天的经验获得的。有关知识的性质，洛克认为是感官由外界事物刺激引起，从而认为外物与知识真理性相契合，思想直接作用于观念，把知识分为感觉的、直觉的、解证的三种，强调知识的准确性。如果说笛卡尔属于唯理论者，那么洛克便是带有理性主义倾向的经验论者。

德国冯特（W.Wundt）于 1879 年建立了第一个心理学实验室，主张用"内省法（introspection）"及自我观察法讨论意识内容。冯特和他的拥护者用内省法对意识进行构造分析，创立了"构造心理学派"。

美国约翰·华生（Watson John Broadus）在 1913 年发表了轰动心理学界的文章《行为主义着眼中的心理学》，对冯特的观点与研究进行抨击，他主张行为才是心理学中唯一准确的，认为意识不够明确，不够真实，反对把思维作为特殊心理活动来分析研究，认为行为是对刺激作出的反应，行为由环境决定，人与动物面对刺激都会作出相应反应。

行为主义论的出现给当时的心理学发展带来了影响，在后来的社会、思想、技术、方法论背景下，现代认知心理学出现后，有人提出了反对行为主义的观点。

（一）社会背景

20 世纪 50 年代起，智力、知识、科学的地位越来越高，在国际竞争中其重要性越来越凸显。人类社会开始由工业社会转向信息社会。

（二）思维背景

行为主义心理学认为人的心理是机械的，可控制的，随着外界环境而改变的，这是纯属于机械论观点；但反映论认为人的认识不是对客观世界消极被动的反映，而是能积极主动地改造客观世界。

（三）技术背景

信息论与计算机科学的产生给现代认知心理学带来了深刻的影响。信息论给认知心理学带来了重要启示：人可以被看成一套信息加工系统。人们对外界的感知、记忆、思维等一系列认知过程，可以看作对信息产生、接收和传送的过程。

计算机与人的认知过程都可以看成信息加工系统，两者的工作原理相同：输入信息，对信息加工编码，储存记忆，做出决策，输出结果。因为计算机和人类的认知过程在信息加工上原理一致，所以可以把计算机用来做实验媒介，检验信息加工模型，判断它能否模拟人类的认知过程。现代认知心理学可以说是计算机与认知科学的结合体。

（四）方法论背景

行为主义兴盛时期，学者对心理活动的理解提出了三种模式。第一种是目的论行为主义，托尔曼（E.C.Tolman）将机体加入原来的刺激—反应模型（S–R 模型），构成刺激—反应—机体（S–R–O）新模型。第二种是弗洛伊德（S.Freud）倡导的精神分析，它提出因果论，指出人们的行动与心理因素有关。第三种是发生认知论，皮亚杰设想人类的认知功能与外界产生积极关系的模型，指出了认知研究中，功能观点的重要性。

20 世纪 50 年代中叶，人工智能的研究取得了很多成果。人工智能让机器模拟或代替人的智能，所以也叫"模拟智能"或"机器智能"。人工智能与人的智能有着相似之处，为把人的智能看作和计算机有着相似信息处理功能的思想提供了有力的支持，认知科学便由此产生。

"认知科学"（Cognitive Science）一词最早出现在 1973 年，希尔金（R.L.Higgins）最先开始使用，流行于 20 世纪 70 年代后期，是专门研究心智的理论和学说。美国学者在 1975 年把哲学、心理学、语言学、计算机科学、人类学和神经科学这 6 大学科整理糅合在一起，就是为了研究"在认识过程中信息将怎样传递"，认知科学这一新兴学科便在这样的研究过程中诞生。

认知科学主流上被肯定为一个学科有三个标志性事件：《认知科学》期刊创刊（1977 年）；斯隆报告（Sloan Report）论述了认知科学（1978 年）；认知科学协会（Cognitive Science Society）成立并召开第一次会议（1979 年）。

随着认知科学的不断发展，这 6 大学科内部产生了 6 个新的发展方向，分别是认知哲学、认知心理学、认知语言学、认知人类学、人工智能和认知神经科学。这 6 个新兴学科是认知科学的 6 大学科分支。学科之间互相交叉，又产生出更多的新兴交叉学科。目前国际公认的认知科学学科结构如图 2–1 所示。

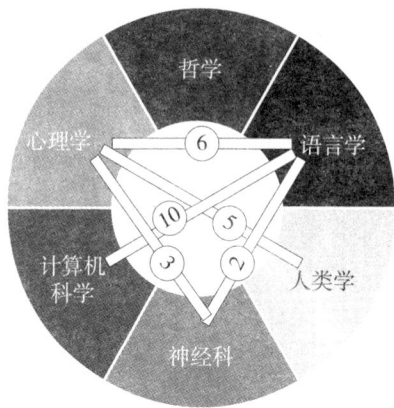

图 2-1　认知科学结构图

注：①控制论②神经语言学③神经心理学④认知过程仿真⑤计算语言学⑥心理语言学⑦心理哲学⑧语言哲学⑨人类学语言学⑩认知人类学⑪脑进化

在那个时候，探究人类心智是学科发展的主要目标。因为在之前的很长一段时间，人们对心智的探索仅仅停留在哲学、心理等层面，计算机科学等新兴学科的出现，让科学家看到了研究人类心智的新角度——学科融合。

认知科学家唐纳德·诺曼（Donald Arthur Norman）在《什么是认知科学》这篇文章中提出：认知科学是新的、智能的、思维的科学，并且是关于知识及其应用的科学。对于认知科学的范围的了解，可以从认知内容上看，到目前为止认知科学所涉及的主要内容，有感知觉、注意、记忆、语言、思维与表象、意识等。这看起来都是心理学家所关注的问题，但其实也同样是哲学家、语言学家、计算机科学家、神经生理学家、人类学家们所关心的内容。不同专业背景的工作研究者对同一个问题所采取的具体研究方法不同。

认知科学是一门相当年轻的学科，然而却为揭示人脑的工作机制这一最大的宇宙之谜做出了不可磨灭的贡献。认知科学就是以认知过程及其规律为研究对象的科学。认知涉及学习、记忆、思维、理解以及在认知过程中发生的其他行为。因此，语言和心理、脑和神经是认知科学的重要研究内容。

认知科学的诞生标志着以人为中心的心智与智能活动进入新的研究阶段，认知科学将进一步为科学技术的智能化创造出新机遇，对认知科学的不断研究将让人类进行自我了解与控制，让人类的知识与智能的高度更上一层楼。

二、认知语言学的形成

（一）认知语言学形成的前提基础

除了上述认知科学理论的相关研究成果，心理学和语言学的一些早期研究成果也为认知语言学的形成奠定了基础。

1. 心理学相关研究

（1）诺姆·乔姆斯基（Noam Chomsky）提出生成语法理论。乔姆斯基从儿童能够快速掌握母语这一普遍事实作为切入口，得出了人类语言能力具有先天性和后天性的理论。他认为，人类的认知体系中具有十分独立的、专门负责管理语言的机制，这种机制是人们天生的语言能力，这种能力随着个体的成长变化而不断发展，直至成熟。语言机制独特的运作模式就是语法。

（2）让·皮亚杰（Jean Piaget）提出发生认识理论，他的代表观点是发生认识论，主要研究的内容是人的认识问题，包括概念认识、语言认识、认识发展等诸多方面。具体分析，他认为每个人从童年时期甚至胚胎时期就开始了认识活动，但人出生之后认识的形成和思维的发展以及影响思维产生的因素、思维的结构等相关问题都是需要研究的，这些属于认知发展的阶段性特征和认知机制问题，也是皮亚杰研究的重点。皮亚杰通过建立可以直接观察的心理模型来探测和分析人脑活动的过程、运用相对科学和客观的方法探究人类的复杂或者高级认知活动，他的研究行为促进了人们对自身的了解和认知。

（3）维果斯基（Lev Vygotsky）的心理学研究理论重新受到关注。苏联心理学家维果斯基的著作《思维与语言》在这一时期被重新整理、发表。《思维与语言》的重新发表使那些之前不认同机械主义和心灵主义的语言学家开始重新讨论维果斯基提出的"外部动作内化理论"。维果斯基认为，儿童的高级智力动作不是天然存在的，是从外部的动作开始的，外部的动作会转化为简单的内在智力动作，而简单的内在智力动作又会随着外部动作的高级化，逐渐向着更高的层级发展。也就是说，一切高级的心理机能最初都是在人与人的交往中以外部动作的形式表现出来的，外部动作重复出现，刺激着个体的智力，逐渐内化成内部的智力动作。学生智力内化的过程不仅能通过教师的教学活动实现，也能通过其他途径，如生活、游戏、劳动等实现。

维果斯基还强调社会文化历史因素是制约人类高级心理机能形成和发展的重要因素。人们在与他人的交往过程中，在与社会的交互作用中形成了高级心理机能，也就是说，高级心理机能是各种交往活动和社会性交互作用不断内化的结果。在这一过程中，语言是重要的媒介。

2.语言学相关研究

以上各类心理学关于认知与思维的讨论成为认知语言学研究的出发点。除此之外，语言学本身的发展是认知语言学形成的直接动力，特别是语用学和生成语义学派。

（1）语用学。语用学研究为认知语言学的诞生贡献了以下三个方面的研究成果。其一，从单独研究语言到研究一定语境中的语言，关注各种语境对语言表达的限制或促进作用；其二，用含义推理解释语言、分析语言，提出了会话含义推理的原则以及由句了意义推导出会话含义的概念；其三，将隐喻修辞纳入语言研究的范畴，分析其使用的语境和作用。

（2）生成语义学。莱考夫（Lakof）等学者认为，语义部分是句法生成的基础和前提条件，句法不能脱离于语义而存在，语义也不能独立于人的认知。

（二）认知语言学形成的标志

在以上研究的基础上，西方国家的学者，特别是美国的学者发现了一种新的解释语言现象的研究方向——认知语言学，并在语言学相关领域掀起了一股研究热潮。认知语言学形成的标志有两个：一是1987年三部影响力较大的认知与语言著作的问世。这三部著作分别是约翰逊（Mark Johnson）的《心中之身——意义、想象和理解的物质基础》，兰盖克（R. Langcker）的《认知语法基础》，莱考夫（George Lakof）的《女人、火与危险事物》。二是1989年春，勒内·德尔文（Rene Dirven）在德国的杜伊斯堡组织召开了认知语言学专题讨论会。会后出版了《认知语言学杂志》，成立了国际认知语言学会，并由专人负责出版了认知语言学研究系列丛书。

三、认知语言学的发展

20世纪70年代和80年代早期，从事认知语言学研究的专家学者还相对较少，并主要集中在美国。到了20世纪80年代中后期，认知语言学研究开始在欧洲地区发展起来，尤其在比利时、荷兰和德国这些国家，人们对于认知语言学的研究热情十分高涨。

到了20世纪90年代，认知语言学在广大语言研究者中得到普及，他们为了分享自己的研究成果，表达自己的语言学观点，曾多次召开国际会议。莱考夫、兰盖克、塔尔米（L. Talmy）的理论研究得到了大多数人的认可，成为这些研究中的主流理论，同时一些相关的理论研究，如构式语法理论，也受到了广大认知语言学家的关注。很多国家的专家、学者陆续开展了认知语言学相关的研究与活动。例如，20世纪90年代初我国的一些学者开始关注国际上认知语言学的发展动态，并在一些重要的语言学刊物上分享国外学者有关认知语言学的研究成果。

进入21世纪以后，认知语言学的发展愈加成熟，这一阶段认知语言学具有代表性的著作是塔尔米的《认知语义学》，塔尔米在这本书即将完成的时刻对书中内容进行了反复修改和完善，最终成书的出版取得了巨大的成功，认知语言学的理论因此形成了科学完整的体系。

与此同时，认知语言学的相关研究在世界范围内得到迅速传播，其中国际认知语言学会的分支——区域性认知语言协会开始出现。西班牙、芬兰、波兰、俄罗斯和德国都成立了自己的组织；法国、日本、比利时和英国也成立了相关协会；我国也于2001年10月份分别召开了首届全国认知语言学研讨会以及认知语言学和汉语研究研讨会。一个评论性的杂志《认知语言学年度综论》开始出版。以上这些事件的发生都很好地体现了认知语言学良好的发展态势，这也是认知语言学趋于成熟的标志。

第三节 认知语言学的哲学基础与理论框架

认知语言学不是传统意义上的语言学派，而是产生于认知科学的研究背景下，由多元化语言研究汇聚而成的一种新的语言学流派。与其他语言学研究流派一样，认知语言学的产生也有其哲学背景。哲学背景是语言学理论的灵魂，任何语言学流派的形成都离不开相关哲学理论的指导。在这之中，第一代认知语言学（生成语法）与第二代认知语言学所依据的哲学理论并不相同，第一代认知语言学所依据的哲学理论较为清晰明了，即理性主义哲学观把语言看作人的一种天赋的理论。目前学术界对于第二代认知语言学的哲学基础并没有得出一个大家都认可的说法，但主要有以下三种观点：第一种观点倾向于同第一代认知语言学一样，将理性主义哲学观视为其产生的哲学基础；第二种观点则强调经验哲学理论对认知语言学产生的影响；第三种观点则认为以上两种哲学理论都对第二代认知语言学的产生发挥了引导作用。

一、理性主义的天赋观

受笛卡尔理性主义思想的熏陶，形式语言学的创始人乔姆斯基认为，人类产生认知能力和智能思维的基础是人类大脑的生物结构，因此，人的语言能力是人类所具有的一种生物属性。人类大脑中存在着普遍语法，普遍语法作为人类语言能力的组成部分，是人类普遍拥有的、由生物遗传赋予的、先于经验存在的一套原则系统，它具有规定人类语言组织原则和特征的作用，并且这种作用是与生俱来的，一定的语言事实可以触发并生成相关的语法。例如，母语为汉语的语言环境会触发汉语语法的形成，母语为英语的语言环境则会触发英语语法的形成，这是不同语言参数在同一普遍语法中引发的结果。因此，乔姆斯基认为，人类的语言能力与其他认知能力不同，人类的语言能力属于一种天赋能力，这种语言能力的形成主要是受两种因素的影响，一种是天赋原则和普遍语法中提供的参数，另一种则是某一特定语言的触发。

形式语言学采用现代数理逻辑的形式化方法，利用有限的公理化规则系统和演绎方法生成无限的表达，以此来分析人类的大脑结构，解释人类语言能力的形成。以形式语言学中的研究重点生成语言学为例，其研究内容就是人脑的语言系统、人类的语言能力或者说是能使人类获得语言能力的语言习得机制以及能反映生物学遗传属性的普遍语法。

总而言之，乔姆斯基语言学派信奉理性主义的天赋观，认为语言是人体的一个自治系统，语言符号或语言形式本身是没有意义的，意义和形式的匹配具有随机性，语言中的概念、范畴、句法和语篇都与人类的心智活动没有联系，人类的经验和体验与语言的形成也没有关系。

二、体验主义的互动观

理性主义的天赋观曾得到很多学者的认可，但也引发了很多质疑。对"天赋观"持反对意见的学者认为，普遍语法所信奉的依据既缺乏逻辑推理的认证，又不符合认知心理学的实验结果，因此这一理论观点是不科学的。人类的语言能力和其他知识能力一样，是后天习得的。认知语言学就是在对语言的天赋观及其相关问题的反思中发展起来的。理性主义的天赋观不能合理解释人类认知能力和语言能力的形成，因此一些学者从另一个相反的视角出发，提出了体验哲学观。用体验哲学观指导认知语言学的研究，就是引导研究者们以身体经验和认知为出发点，以语言的概念结构和意义研究为中心，寻找语言事实背后的认知方式和表达方式，并通过认知方式和知识结构对语言的形成与表达做出解释。

首先对理性主义天赋论提出怀疑的是瑞士的心理学家皮亚杰，在洛克和斯宾塞等古典经验主义理论的启发下，皮亚杰认为认知行为起源于主客体之间的相互作用，人类的认知结构和语言的意义概念是后天形成的。1999 年，莱考夫和约翰逊出版了《体验哲学——体验心智及其对西方思想的挑战》，对理性主义天赋论提出了尖锐的怀疑。体验哲学反对理性主义和客观主义的观点，属于经验主义的范畴。体验哲学强调体验和经验在认知和语言形成过程中的重要性。具体分析，经验来源于人与现实世界的互动以及人与人之间的相互作用，例如，人的感觉器官感受到的现实世界形成了一种经验，外界环境对人体的各种感官刺激、心理刺激也组成了经验的一部分，人与人之间的对话、交往积累了人体的对话经验和交往经验。但人的大脑并不是像镜子一样能丝毫不差地映射客观世界，人体会发挥认知作用，参与并影响语言的形成过程。也就是说，人体语言能力和思维能力的形成基于人类的体验和经验，它们与现实世界之间存在着一定的差异。

概念的形成依赖于人体和大脑对世界的体验，或称感受，概念的理解也要通过人体和大脑对世界的体验来进行。除此之外，语言中的范畴和意义也是基于人类对客观世界的体验，是人类主体与世界客体相互作用的结果，不能独立于人的心智而存在。语言结构的形成受以下三种因素的影响较大，即人的身体结构（特别是大脑结构）、现实世界结构以及人类在现实世界中的经验和体验。与此同时，语言结构反映了客观物体与事件、物体的形态与性质、事件的类型与过程等。

三、认知语言学的理论框架

任何一种突破传统的语言研究理论在形成初期都受到创新哲学理论的指导，莱考夫和约翰逊提出的创新哲学理论在很大程度上改变了人们传统的认知世界的方法。20 世纪 70 年代以来，认知语言学已经诞生了很多令人瞩目的研究成果，其中很多研究成果已经被证实是科学的认知机制和思维方式。这些研究成果既是在以上哲学思想的指导下完成的，又是对以上哲学理论的验证。接下来本书将在体验哲学理论的引导下，分析认知语言学的理论框架，这一理论框架的内容也是认知语言学研究的系统内容。认知语言学的理论框架主要包括以下八个方面的内容。

（一）认知语义学

认知语义学以人类概念系统为核心系统，概念系统的延伸内容是意义和推理。概念系统由两个方面的概念组成，分别是直接的、具体化的概念和间接的、抽象化的概念。这两种概念又由以下概念内容组成。

1. 直接的、具体化概念（图 2-2）。

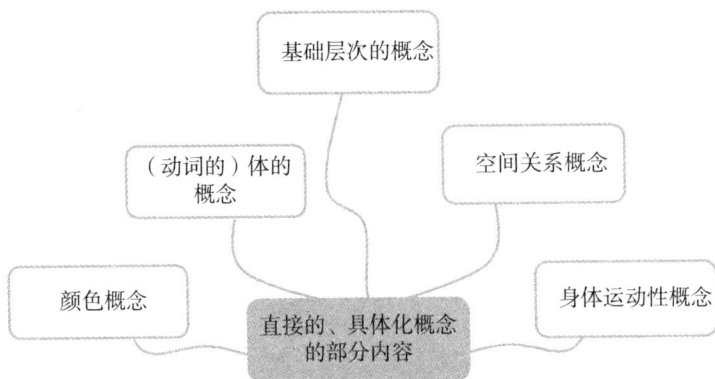

图 2-2　直接的、具体化概念的部分内容

2.间接的、抽象化的概念（图 2-3）

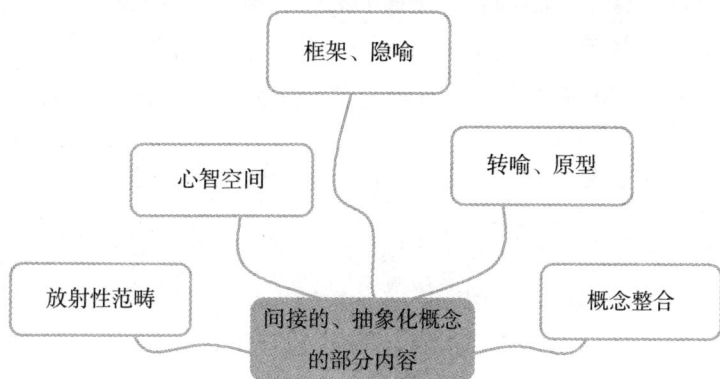

图 2-3 间接的、抽象化概念的部分内容

（二）认知语法学

不同于普遍语法理论认同的天赋观，认知语法学认为人的大脑中不存在自由输入模块以及次网络结构，句法结构无法自主生成；句法结构依赖于语义功能、语用功能和语篇功能而形成。认知语言学家认为，句法的实质就是具有语言表达方式的意义配对，意义配对的含义就是语言表达中的一种象征关系，语义和语法属于不同的象征关系。

（三）词汇意义学

语义的概念比语音的概念更加复杂，因此，与语音的研究相比，语义更值得人们深入探讨和研究。与之相关的词汇意义学的研究内容就是各类语言中都存在的一词多义的现象。一词多义的现象在很多情况下是由隐喻或转喻手段造成的，因此通过隐喻或者转喻形成的多义范畴、多义概念也是认知语言学研究的热门话题。

（四）语义与句法范畴

语言中的概念复杂繁多，很多概念之间既相互独立，又相互联系。为了进一步分析这些概念之间的关系，更好地管理和应用这些概念，人们对这些概念进行了归类，并形成了范畴化标准。建立"一个中心概念"是形成范畴化的前提条件，这个中心概念就是核心意义，也可称为典型意义。围绕典型意义形成的就是各种边缘意义。如果边缘意义与核心意义的距离过远，那么它就可能归属于其他核心意义的范畴或者直接成为另一个范畴的核心意义。

（五）语法组构

语法组构是指复杂的概念结构以及这个概念结构的表述手段。其中概念结构最典型的表述手段就是词序以及某种标记形式。从语义角度分析，语法组构包括了对人体认知功能的限制，例如，已知信息对未知信息和关注焦点的限制；从语音角度分析，语法组构从语音上限制了已知语言的复杂程度。语法组构理论对于人们研究语言表达的部分意义和整体意义的关系具有引导作用，对于分析概念结合体采用何种语言形式进行表达以及表达的拓展性意义也具有独特的作用。

（六）组构性多义

语法组构在语义方面具有和词汇一样的多义性和放射性特征，其在语义上的变动主要通过事件结构隐喻实现。以英语中的 way 构式"He argued his way out of punishment"的语义实现为例，在这个例子中，语义实现的方法是将动力投射为动因，状态投射为处所，最终实现的效果是 argue 作为动力成为 out of punishment 的动因，即"argue"（争论）会使句子主语"he"（他）达到"out of punishment"（不被处罚）的目的。

（七）语法组构的表现形式

不同语言中语法组构的方式不同，也就是说，人们对信息的认知、组合和排列方法不同。语法组构看似具有任意性，实际上无论是信息的组合还是信息的排列，都体现出人类认知事物的经验。换言之，人们习惯使用固定的方式将自己感知到的事物表达出来，这种规则方法就是语法。世界是一个值得探索和研究的、各类事物的集合体，当前，这个集合体中还有很多谜题等待着人们去探索、去分析、去寻找答案，这个过程毫无疑问是一个充满认知的过程，人们将所认知的事物即体验到的事物表达出来，语法也就组构了。

（八）组构的合成性

语法组构的本质是表述语言的一般法则，这些法则主要的作用是表达概念化的内容以及完成对认知的总结。每一个语法结构都可以被认为是一种条件，它调整着概念在语言运用中的方式方法，限定着概念的复杂程度。语法组构通过叠加的方式形成，相互匹配的语法成分才能进行叠加。语法组构的实质就是限制语法成分叠加的条件，在种种限制条件下，各类语法成分相互配合，相互适应，最后实现表达的目的。

以上组成认知语言学理论框架的八个方面，涵盖了语言研究的各个方面，使之在学科界定与研究范围的划分标准上更加宽泛，因而能吸引来自不同研究领域学者的关注和兴趣，大大提升了理论框架建构的开放性与动态性。具体表现为以下两个方面。

其一，认知理论的创新本质是哲学理论方面的创新，传统哲学理论只是将认知看作概念或命题的结构以及其中的规则处理过程，认为认知的内容意义就是真值的内容意义，而莱考夫在完成对人体脑神经研究的基础上提出了认知的体验性、无意识性和隐喻性，研究范围要比之前的认知研究更加广阔，尤其将大部分传统哲学家不赞成的研究部分纳入了认知研究的领域。

其二，认知理论突破传统理性思想，提出涉身认知（体验认知）方法，充分结合感性与理性因素，重新开启对隐喻手段的研究，审视隐喻在人类认知体系和语言形成中的作用，对于扩展意义问题的探索有较为突出的贡献，同时还开创了利用神经案例研究语言学和哲学的新路径。通过对其他理论的分析、研究和整合，认知语言学在探索人类认知本质和语言应用的道路上越走越远，并且吸引了不少同路人。

第三章　认知语言学与语言习得

第一节　认知语言学视角下的语言习得观点

　　20 世纪是语言学研究深入发展的一个时期，各个流派的语言学家围绕语言的研究领域著书立说，表达自己的观点，阐述自己的理论，推动了语言研究领域不断扩展、逐渐深入。在纷繁复杂的语言学研究领域，有三个基本问题是无论哪种语言学理论都要解答的，这三个基本问题分别是：语言知识是什么？语言是怎样习得的？语言是怎样使用的？接下来，本书就来介绍一下认知语言学在这三个问题上的基本观点。

　　早在 20 世纪 80 年代，认知语言学家就从方法论层面将认知语言学的哲学理念概括为三个观点：

　　第一，概念和理性的充分理论必须提供具有认知和神经现实性的心智解释；

　　第二，必须从尽可能多的来源寻找趋同的证据；

　　第三，必须提供经验性的概括，即保证做到以下三个承诺：认知现实性承诺、趋同证据承诺以及概括性和全面性承诺。

　　在对语言性质等语言问题的看法上，认知语言学家大多认为，语言能力是人的认知能力的一部分，是需要后天培养的；语言与外界许多因素具有密切的关系，语言不是一个自给自足的系统；语言中的句法与语义、词汇具有紧密的联系，也不能不受限制地独立存在；语义不只是客观的真值条件，还与人的主观认识密切相关。

在认知现实性承诺、趋同证据承诺以及概括性和全面性承诺三个承诺的基础上，认知语言学家进一步提出了认知语言学的三个假设：第一，语言不是一种自主的认知能力；第二，语法是语言概念化的过程；第三，语言知识来源于语言运用。以上三个假设的提出否定了之前生成语法理论提出的语言能力是人的一种天赋的观点，强调了语言能力的形成离不开人们对具体场景和谈话的认知，同时也否定了将概念结构简化成一种与客观世界相对应的真值条件关系的做法，强调了语音、语义、语法等语言知识在本质上与概念结构的相同之处，提出对所传递的经验感受加以概念化是构成人类认知能力的重要方面。

随后，通过对范畴化、多义现象和隐喻三种截然不同的语言现象进行分析考察，认知语言学家探索了人类语言发展和运作的总体机制。具体分析，他们通过搜集、整理和分析大量直接证据和具体语料提出了两种新的承诺，即概括性承诺和认知承诺：概括性承诺打破了传统流派对语言所进行的独立模块的划分的方式，提出语言是由词汇、句法、语篇等内容构成的相互联系的系统，共享特定且普遍的基础性组织原则；认知承诺的主要观点则在于语言属于人类的一种认知能力，会伴着认知能力的发展得到进一步发展，因此语言和语言组织属于人类的一种普遍能力，而不是特殊能力。普遍性承诺为认知语言学统一描写和解释各层面的语言现象提供了理论基础，认知承诺则将语言机制与其他关于人脑、思维层面的认知机制联合在一起。

分析以上认知语言学研究的假设和承诺可得出以下结论：

第一，语言的本质特征是符号性，语言构式就是有意义的语言符号。

第二，为人们提供交际服务是语言的基本作用之一。说话者传递话语的过程和听话者理解话语的认知过程能够反映其认知能力的敏锐性和专业性。

第三，语言的存在以使用为基础，语法产生于语言使用的过程。

第四，语言能力是一个结构有序的、由有意义的语言构式组成的清单库。语言能力是认知能力的重要组成部分，同时语言能力的发展离不开文化因素、社会因素、心理因素等因素的影响和它们之间的相互作用。

总而言之，认知语言学的发展既有利于语言理论的发展，也有利于语言以外认知理论的发展。对语言的学习和研究需要一定的认知能力，反过来语言能力又能促进认知能力的提高。无论是母语习得还是二语习得，都是认知语言学领域重要的研究内容。2001 年，彼得·罗宾逊（Peter Robinson）通过对语言习得中认知理论的分析探讨，提出了语言习得研究的认知取向，即通过分析语言使用者的思维运转模式和智能结构，发现了语言加工和发展的一些规律。随后 2008 年，罗宾逊在其主编的《认知语言学与二语习得手册》一书中收录了大量这方面的专著和文献研究。近年来，国内外大量学者基于认知语言学的范畴、图式等核心概念对二语习得和二语教学中存在的语言现象和问题展开了丰富的研究，形成了一系列可供借鉴的研究范式，标志着认知语言学和二语习得的研究进入了一个新的发展阶段。

语言习得作为认知语言学领域的重点研究课题，是众多语言学家专注的研究领域。为了深入研究语言习得问题，语言学家对二语习得和母语习得进行了对比研究，发现了二语习得和母语习得的大量相同之处和不同之处，认知语言学家认为，二语习得就是通过母语习得的方法掌握除母语以外的第二种语言，了解母语习得与二语习得之间的联系与差别，有利于二语习得者把握学习重点，掌握二语习得的认知过程和认知规律，提升认知的效率，提高二语习得的成效。

其一，从认知角度分析，语言习得的过程就是对语音、语义、语法等相对独立且受一定结构约束的语言符号的感知、掌握和输出。这些符号的概念、意义、结构、使用规则和其他类型的知识一样，建立在人们对具体语言认知的抽象化和图式化基础上。

其二，认知语言学认为，二语习得与母语习得存在一些本质上的共同点，例如，它们都会受到接触频率、提示作用、多个提示之间的竞争、重点信息凸显度等因素的影响。但二语习得建立在学习者已经具备的母语认知能力与母语使用能力基础上，因此，母语习得因素一直是影响二语习得成效的重要因素。学习者的母语思维方式、母语表达方式、母语语义内涵等既有可能推动二语习得某些方面的进程，也有可能对二语习得的过程产生负面影响。

其三，认知语言学认为在语言习得的过程中，学习者的认知结构受到冲击，不断发生变化、重新组合。学习者在对刚接触到的语言知识进行分类、编码、储存、加工时，会将语义知识部分进行聚合和划分，并将自己能够理解的概念按照所属范畴进行分类，同时激活相关图式。在对新的知识内容进行范畴化的过程中，人们会不自觉地借鉴自己已经掌握的认知模型，并提取相似的概念对新的知识进行组织和建构。

其四，在语言习得的方式上，认知语言学强调要通过语言的使用习得语言。认知语言学认为语言的基础作用就是为人们的交际活动提供服务，因此只有掌握了语言的使用方法才算是真正习得了这门语言。然而现实是，世界上大多数国家的二语习得与二语教学都是在课堂环境下开展的，其重点在于掌握外语的语义和语法，但学习者往往由于缺乏足够的交际环境和文化氛围，习得效果不佳。认知语言学提出二语习得要为学习者构建良好的语言环境和学习氛围，激发语言学习者的学习兴趣，提高他们的积极性，丰富其语言体验。

认知语言学与二语习得研究的结合具有必然性。这主要是因为以下几点原因：首先，二语习得涉及语言在特定环境下的输入、理解、整理、输出等复杂认知过程，学习者利用大量的形符输入，将其与已有的语言经验相结合并加工成类似的符号形式进行存储和提取。其次，长期以来，由于语言心理加工和大脑加工的不可视性，依靠经验主义理论作为指导开展的语言习得研究不能够很好地解释语言知识与其他类型知识之间的联系。最后由于研究条件的限制，人们在研究二语习得的过程中更加重视语言学和社会文化的因素，从而忽视了与语言能力发展关系密切的心理学因素和大脑神经因素。在这种研究情况下，融合了语言学、心理学、哲学、神经学、认知学等多个学科研究理论的认知语言学能够在一定程度上弥补传统的横向研究法和纵向研究法的不足，因而具有更广泛的实用性。伴随着认知语言学核心概念的应用，二语习得的研究重点也发生了变化，已经从原来的重内省为主逐渐过渡到以实证研究为主，从而为多角度分析语言习得中的认知机制奠定基础。

第二节　认知语言学视角下的语言习得机制

传统的基于语言学视角的研究普遍将二语习得直接当成二语语法习得，该观点的支持者将语法判断作为获取研究数据的主要手段，对二语习得中是否存在普遍语法以及普遍语法如何影响二语习得进行验证。其主要的验证方法是通过已有语法规则设置相关问题，然后引导学习者根据自己对语法知识的掌握情况进行判断或回答，然后通过最终的答案数据分析、掌握学习者特定语法结构的习得情况。从社会文化视角出发展开的二语习得研究将语言习得研究与社会环境因素相结合，关注社会、文化等外部因素在语言习得过程中发挥的重要作用以及语言习得者与社会、文化之间的交互作用，强调对话者的性别、身份、地位、讲话风格等语境因素对二语习得的影响。

二语习得研究提出要充分考虑语言动因对二语习得机制的影响，但无论语言的动因多么强烈，只凭借动因还是不能精确地预测和掌握语言结构，因而认知语言学坚持在使用中习得语言，认为语言本质上是社会交际的产物，语言的习得、运用和验证是学习者在交际互动过程中产生、发展起来的，语言使用的规则在这一过程中逐渐内化为学习者的语言能力。

对同一情景展开的不同语言表达以及不同语言表达主体对同一情景做出的不同认知方式、理解方式都体现出语言的生成和使用与不同语言环境、认知环境之间的紧密联系。认知语言学还明确指出，语言表征之间存在密切联系和互动作用，这种密切联系、互动作用具有交际效果，还能与人类的认知能力、社会体验等结合在一起对语言构式发挥限制作用，影响说话者最终的表述方式。也就是说，不同语言环境下的语言特点、认知特点、不同的社会体验、话语功能等因素都会制约话语的产生。语言运用中的心理表征和人类对语言的认知过程是语言学与语言习得研究共同关注的内容，也是认知语言学与二语习得研究的结合点。

大量的实验研究表明，认知语言学理论具有高度兼容性，因为认知语言学中的很多理论如范畴化理论、框架语义理论都是在心理学、认知科学、语言学等相关学科理论的影响下形成的，都受到这些学科相关研究成果的启示。所以可以认为，认知语言学提出的语言具有非自主性、意义在语言中占有核心地位、语言习得应以用法为基础等理论观点能够推动二语习得研究，也有利于认知语言学与其他相关学科之间的互动、影响和渗透，从而为各类认知现象和语言现象的研究开拓广阔的视野。除此之外，认知语言学在研究方法的选择上借鉴了心理学、神经认知科学、实验行为学等研究的前沿技术，对实验环境和所用材料要求十分严格，保证了其理论研究工具的严谨性，也增加了其理论研究的可信度，为研究成果提供了技术和数据上的保障。

二语习得的过程是学习者在已掌握母语的基础上展开的学习第二种语言的过程，这个过程也是学习者开始语言再认知的过程。学习者的第二语言水平体现为其使用第二语言描述客观现象、阐述客观事实和表达内心体验的能力。由于语言环境的差异，在某些母语者看来内涵简单、容易被理解的语言知识或语言技巧对二语学习者来讲却十分难以理解和记忆。以多义词、介词、熟语、短语等困扰二语学习者的语言知识为例，汉语母语者能够感受"A：你这是什么意思？ B：这是我的一点儿小意思。"这段对话中"意思"一词所隐含的情感、态度和内涵上的差异，二语学习者却很难在未经学习的前提下感同身受。传统语言学的相关理论只能从意义和使用规则上对不同语言进行简单分类，给出词语含义或功能介绍，但却不能给出完整的意义网络和图景介绍以应对实际应用中的复杂多变的情况。

综上所述，认知语言学强调二语习得应重视对语言本质及其运作机制的研究，认为应在认可语言使用功能的基础上分析语言现象的产生、发展和变化以及语言习得的认知过程和规律，并从认知的本质属性和语言认知的角度出发展开讨论，最终找到影响语言习得的重要变量，得出语言习得的有效方法，获得较好的习得效果。

第三节　二语习得中常用的认知语言学概念

一、语言体验观

认知语言学认为涉身体验是人类认识世界、了解世界的重要途径，因此与之相关的研究假设是"语言是基于使用的"，如果想要习得一门语言，则需要在使用这一语言的社会环境、交际环境中开展学习，只有这样才能真正掌握这门语言。在人类感知和体验世界的过程中，空间位置概念和运动概念是意义系统的两个核心概念，是其他概念形成的基础，可以用来解释和分析许多语义域。早在 20 世纪 80 年代到 90 年代，认知语言学就明确提出了人类的语言知识（如概念和范畴）来源于人类的基本活动（如生产活动、交际活动）的观点。人类的语言知识与人类的认知方式、思维模式、过往经验等外界因素密切相关，是人类各种经验的产物。

认知语言学中的三位一体体验观（现实—认知—语言）认为语言中的各种概念表达以及语言成分的组织建构规则与人类本身认知结构、认知特点联系较大，认知和意义的形成是身体、大脑和对世界的体验这三种因素发挥作用的结果，同样只有通过身体、大脑和对世界的体验才能理解认知事物及其含义。该体验观的基本形式在于对人体、空间关系和力量运动的感知和互动，首要原则在于通过人体感知客观世界并催动大脑产生经验，经过理性思维和想象力作用形成构思方式，进而在大脑意识中形成概念、范畴、推理、逻辑等基本语言成分。

语言体验观认为语言的形成离不开文化因素、社会因素和语境因素的影响，社会互动是开展语言意义研究需要注意的核心内容。语言具有社会实践性和理据性，在语言体验观理论的指导下，人们可以挣脱只研究语言本身的束缚，更好地探索语言的本质及其背后的认知机制。

二、认知范畴论

认知范畴论的主要代表思想是家族相似性理论和原型范畴理论。家族相似性理论是同一个事物或者事件可以围绕成员相似性，按照各成员之间的关系被划分为不同的范畴。原型范畴理论更加侧重范畴核心概念的概括性图式表征，强调原型是范畴中的典型事例，处于范畴的中心位置。人们围绕原型认知陌生的事物并对事物进行分类、解析。原型具有容易区分、信息量大的特点，因此常用来代表范畴化。

原型范畴理论认为同一原型的多种语义中必须有共同的语义，但人们通过对某些多义词的义项进行分析后发现，有些多义词的义项在语义上没有相同之处，即有些多义词的义项中不存在一个核心的原型范畴，但各个义项之间共享一点"家族相似"状的语义网络结构。对于这种现象，认知语言学家提出了基于图式的范畴化概念。由于图式具有抽象特征，基于图式的范畴建立在所有义项的共同特征之上，成员之间没有明显的层次关系，一个图式可以涵盖所有成员。

认知语言学认为，范畴化是人脑的一种认知能力，范畴内义项层级的形成是人体涉身体验、语言属性、语言环境等主客观因素相互作用的结果。因此，范畴化研究是认知语言学的核心研究内容。人们在建立范畴概念时首先要根据原型寻找事物间的共性，然后才开始建立低层次的图式表征，在这之后再建立更高层次的图式。儿童母语习得时期的言语行为和二语学习者的范畴过度扩展行为证明了范畴化理论的科学性和可信度。范畴理论的这种"中心（原型）—边缘"内部结构的显著优点在于它不仅能够反映某一范畴类别的共同心智意象，还能够比较详细地描述语义范畴的存储和提取模式，此外还能对二语习得者的词汇习得序列做出符合认知发展解释，因而在二语习得研究中的应用非常广泛。

三、意象图式理论

要想理解意象图式理论，首先要弄清楚意象概念和图式理论。认知语言学家将意象定义为"人们进行语义描写时形成某个概念或概念结构的具体方式"。由于不同的语言使用者身处不同的语言环境和社会环境，即他们的涉身体验不同，因此他们在接触、理解某一事物或情境时，都有各自独特的视角，其关注的重点和事物的范围领域也各不相同。这也是不同的人面对同一事物或情境会给出不同描述，产生不同感受的原因。

图式理论最早在 18 世纪由德国心理学家提出，此后应用于认知心理学，成为用以解释心理过程的理论模式。从 20 世纪 70 年代发展到今天，图式理论被不同研究领域的学者从不同的视角出发进行了解释和定义。有的观点认为图式就是人们大脑长期记忆中所储存的具有相互作用的知识结构，简称"知识的砌块"；有的观点强调图式并不是零散的、没有联系的知识结构，而是有层次的、由相互联系的信息子集构成的、具有共同主题的大型信息结构，其最终形成的规模要大于一般的命题网络；有的观点认为图式是一种范畴的体现，可以用槽值结构表示图式的组成部分。

基于综合意象和图式两大概念，认知语言学家提出了意象图式理论，该理论集中描述了人们在视觉和动觉经验中反复出现的动态构型，如容器、联结、力量等各种空间方位和关系。此后，许多研究者针对意象图式理论的特征、功能及其在认知、语言过程中发挥的作用进行了归纳总结，虽然不同的研究者的研究方向和研究重点不同，但大都认同图式是存在于人脑中的认知结构，该认知结构由各种背景知识概括形成。语言来源于人的感知体验，这种体验不是由单一事件或经验简单累积后获得的，而是由大脑对这些事件和经验进行有组织的功能性编组后得到的。语言使用者的主观意识、背景知识、背景文化等文化知识会影响功能性编组的过程和效果。总而言之，意象图式建立在人类体验客观世界、并与客观世界互动的基础之上，是人类感知世界、创造、使用语言的基石。人类得到的关于客观世界的所有信息基本上都是大脑中图式处理的结果。

力量—动态意象图式是一个典型的意象图式，该意象图式利用空间概念论述了人类与现实世界的种种互动行为，并指出由于互动行为产生的意象图式在语言建构方面发挥着不可替代的作用。无论是以意象等因素为特征的基本层次概念，还是用来表达"场"概念的语义框架，抑或是其他衍生出来的新的概念意义和语言表达，都是人类使用各种感知能力对空间位置和运动进行的概念化结果。力量—动态意象图式理论阐述的观点得到了众多语言学家的支持和认可。

总而言之，意象图式作为人们对客观世界形成的初始认知结构具有比较好的稳定性和概括性。凭借意象图式，人类能够掌握自然语言中符合人类认知水平的基本信息，这样当人类接触到新事物时，大脑就会自动提示关于新事物的信息范畴，划分新事物所属的认知区域。借助意象图式，人类可以更好地分析语言中的多义现象以及各类句法结构。

四、框架和脚本

框架和脚本这两个概念原本是人工智能领域的专业概念，框架和脚本在计算机编辑中的应用启发了人们对自然语言的理解和研究。1982年，框架概念被引入语言学研究，随即产生了框架语义学；1996年，脚本概念被引入语言学研究，语言学家将脚本定义为"经常出现的事件序列和专门设计的知识结构"。

框架语义学理论认为语言使用者对词语意义和功能的理解是有前提条件

的，主要依赖于其掌握的语义框架，框架可以为词语或其他形式的表达在具体的应用过程中提供其所需要的背景知识，包括语境知识、句法知识、文化知识等。语言使用者要想理解框架中的概念，就必须理解整个概念体系。也就是说，一个词语只有与使用者大脑中存储的某一框架匹配成功，才能激活其他所有相关概念。如"购物"会激发"商场""超市""收银员""打折""消费""降价""收费"等一系列与之相关语义框架。而脚本的作用则在于将一些行为序列和环境条件组合为事件知识单元，事件知识单元就是一系列概念"预测"发生的背景及其应该出现的行为序列。例如，根据"Jenny is a very good student, she goes to___by school bus everyday."，读者们完全可以根据上下文信息将这一事件补充完整，预测出空白处信息应该是 school。

通俗讲，框架是用于建构中心概念的一般知识，是自下而上地引发整个框架的普遍模式进行加工的过程，脚本则是建构基层事件的具体知识，跟框架不同，是自上而下根据次级事件的预期顺序进行加工的过程。当接触到新事物时，人们会不假思索地将新事物与大脑中存储的框架进行匹配，如果匹配成功就能顺利获得对该事物的认识，然后将新事物进行范畴划分，否则，就要重新选择与新事物概念、特征相近的框架，或者修改、补充匹配不成功的框架。脚本则属于一个存储知识的结构，为行为序列或条件组合提供加工依据的预期源，这样就能帮助语言使用者在与他人展开对话的过程中自然而然地从脚本中提取信息，填补空缺句型，进而理解完整语义。由此可见，框架是静态的知识构造，而脚本则是动态的语义推理。

框架和脚本概念将单一的词汇语义同语义背后相关的整个知识结构背景相结合，将语言内部各要素视为相互联系的整体，不仅有助于学习者研究语音、词汇、语法等语言要素之间的联系，还能引导学习者充分利用背景知识促进语言习得活动的开展，对于研究二语习得过程中语义的存储与提取、特定语境下的语义推理以及习得者心理空间的运作机理也有良好的启示。

五、理想化认知模式

1987 年，莱考夫在他的著作《女人、火和危险的东西》中最先提出了理想化认知模式的概念。此处的理想化认知模式是指人们在认识事物、认知世界的过程中，通过积累某领域中的经验和知识所总结出来的抽象的、统一的组织和结构表征。之所以起名为理想化认知模式，是因为该模式不是客观存在的，是存在于人类头脑中，表现为抽象的、具有复杂知识表征的原型结构或中心。称其为原型结构或中心的原因则是组成理想化认知模式的各部分认知模式地位不相等，一些非典型、非中心的认知模式不能形成理想化认知模式，只能根据隐喻和换喻等方式进行延伸。只有那部分典型的原型或中心认知模式才能体现理想化认知模式。

理想化认知模式构建于人类与客观世界交互的涉身体验基础上，主要遵循命题、意象图式、隐喻映射和换喻映射四个原则（图 3-1）。

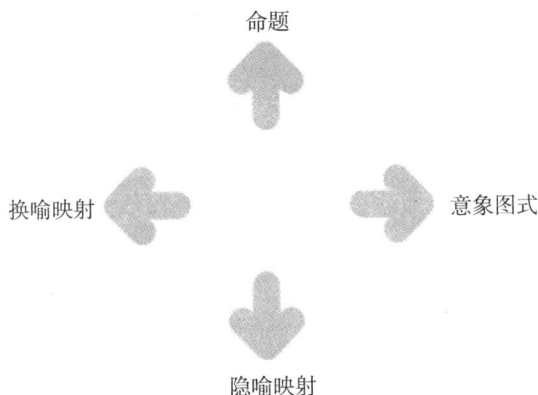

图 3-1　理想化认知模式遵循的原则

其中，命题就是组成模型的各个成分，包括各成分之间的关系；意象图式就是人类在体验客观世界，与客观世界互动过程中反复多次出现的那些较为简单的结构；隐喻映射能够将命题或意象图式或其中的一个组成部分从一个经验域映射到另一个经验域的结构中去，以表现其多重含义；换喻映射的作用则是通过同一经验域中比较容易感知和理解的部分组成因素映射经验域整体或整体的某一部分。

显然，理想化认知模式的构建不仅借鉴了框架、脚本、图式等理论，也包含了隐喻和换喻理论的部分内容，并将这部分内容作为命题和意象图式原则基础上的扩展辐射机制。该机制下的模型成员不是固定的，是伴随着人类认知水平的提高不断变化的，具有开放性、流动性特征。

六、认知域

1987 年，兰盖克（Langacker）在他的著作《认知语法基础》一书中提出了认知域的概念。他将认知域定义为描写某一语义结构时所涉及的概念域，同时指出任何能够辅助人们认识另一更具体的认知单位的概念域都属于认知域，此时概念域主要发挥参照或背景作用。也就是说，认知域是任何概念或知识系统，它既可以表现为一个简单的概念，如一个小时为六十分钟、一天为二十四个小时，也可以表现为一个内容庞大、关系复杂的知识系统，如民族关系、时空概念、文化传承等。

根据层次和复杂程度方面的差异，兰盖克将认知域划分为基本认知域和非基本认知域。所谓基本认知域，是指在人类语言产生之前存在的、体现人类基本经验的感知，如人类对时间变化、空间大小的感知，对立体与平面差别的感知。基本认知域属于人类认知世界、与世界互动的原始表征域，因此常被当作其他认知体验产生的参照物或背景。例如，人们经常提到的百科知识就是以基本认知为基础产生的概念。百科知识概念又为更复杂、更具体的概念提供了参照或相关背景，由此形成了层次分明、结构复杂的概念系统，如生物域、空间域、情感域。隐喻的含义与认知域密切相关，隐喻就是一个认知域向另一个认知域的投射，这种投射产生的视角对引导人们的关注对象，从而使认知域中的某个特定区域比其他相关区域更加凸显，意义更加明显。

认知域不是自然界客观存在的领域，是人类主观反映客观的领域，是知识经验在人类大脑中的内化，是概念的潜势区域，它的存在使概念的产生成为可能。在一个事物的概念化过程中，认知域是一个已知的、确定的领域，具有帮助描写事物语义单位、发现不同语义之间的联系及为意义要素在大脑中的组织提供语境参照的作用。

七、关联理论

关联理论的概念最早于 20 世纪 80 年代提出，该理论一经问世，就吸引了国内外语言学家的广泛关注。随着时间的推移，关联理论吸收了当代认知科学、行为科学、社会心理学等学科理论的研究成果，其研究内容日趋丰富，研究视野也越发开阔。

关联理论从认知学视角出发，论述了人类交际的内在机制，提出语言交际是人们使用推理思维、借助信息加工以达到信息最大程度上的关联的一个认知过程。因此，在日常的交际过程中，交际双方都会不自觉地关注那部分符合自己的认知水平、与自己的认知存在最大关联的信息。与其他理论相比，关联理论体现出以下三个特征：第一，关联理论以认知理论的相关研究为基础，是认知理论发展的产物；第二，关联理论以言语理解的解码和推理为基础；第三，关联理论研究的语言现象或者交际现象是动态的，不是静态的。关联理论的上述几个特征能够帮助人们研究二语习得者学习和使用第二语言的语言现象以及在这一过程中体现出来的特征，同时也能够指导人们找到这些语言现象和特征形成、发展的规律。

关联理论结合语用学、认知科学、心理语言学等理论知识，区分了直显交际和隐喻交际的相同之处和不同之处，同时改变了以往研究语言的静态手段，将语境因素对话语认知和理解的影响作为重点研究对象，通过激发语言习得者深层的、抽象的语言能力，较好地解释了二语习得中的许多逻辑问题。总而言之，关联理论的以上观点和研究不仅有利于揭示大脑逻辑思维运转的心理机制和知识在大脑中的认知、分类、存储、提取等过程阶段，还为语言内化、心理表征等二语习得机制的形成提供了理论支持。

以上几个二语习得中常用的认知语言学概念并不是独立存在的，它们本身的内涵虽然都各有侧重，但不同概念之间又相互联系、相互影响，它们在理论研究和语言习得应用的过程中相互交织，不断拓展着认知语言学和二语习得的研究范围。准确认知和理解以上概念的渊源以及它们之间的联系和差别，不仅有助于理解认知语言学的理论体系，对于深入分析语言理解、语言加工的基本特性、改进二语习得的方法、提高二语习得的效率、深入探究人类的认知机制也都有较好的指导意义。

第四章　英语教学基本认知

第一节　英语教学的理论基础

在高校英语教学工作中，不管教学目标是什么，教学内容是什么，教师选择什么样的教学方法，教学活动的开展都建立在一定的理论基础上。英语教学属于一种对语言的传授，所以会涉及语言学的相关理论，英语教学又属于学科教学的范畴，因此教师还要掌握教育学相关理论。根据以上分析，本节将从语言本质理论、语言学习理论和教育学相关理论三个层次出发对英语教学的指导理论进行探讨，为后面的实践教学部分作铺垫。

一、语言本质理论

关于语言的本质是什么这一课题，不同的学者从不同的角度出发对其进行了研究和讨论，并提出了各自的看法和理念。本节主要介绍一种语言的功能理论。

英国的语言学家韩礼德认为语言的本质与人们对语言的要求以及语言本身反映完成的功能相关，据此提出了语言的功能理论。他提出，语言具有社会功能，语言的社会功能在一定程度上影响了语言本身的变化和发展。只有研究语言如何使用，才能发现语言的全部功能及其构成意义的全部成分。韩礼德对语言功能的分类如下所示。

（一）微观的功能

韩礼德指出语言具有微观功能，且这一功能主要出现在儿童学习如何使用母语的阶段。语言的微观功能具体又可划分为以下七种功能：个人功能、规章功能、想象功能、启发功能、工具功能、相互关系功能、信息功能。

（二）宏观的功能

对比语言的微观功能可以发现，语言的宏观功能要更加复杂和抽象，语言的宏观功能产生于儿童语言向成人语言过渡的时期，主要可分为两种。

1.实用功能

实用功能是儿童在学习语言的早期出现的一种功能，学界通常认为该功能是由工具功能、相互关系功能和控制功能三种功能延伸出来的，是儿童把语言当作做事的方式和手段的功能。

2.理性功能

理性功能也诞生于儿童学习语言的早期阶段，与实用功能不同的是，该功能是由个人功能、启发功能衍生出来的，是儿童把学习知识和观察事物作为一种手段和方法的功能。

总而言之，语言的宏观功能是儿童早期学习语言时的过渡功能，它是微观功能的延续。语言的宏观功能体现出人类语言功能的实用性，即语言可以根据不同情况运用到不同的场合，还证明了人们在使用语言进行沟通交流的过程中，离不开相应的语言创造。

（三）纯理功能

韩礼德还提出了语言的纯理功能，这一理论对语言学派的发展产生了深刻的影响。纯理功能主要包括以下三个方面的内容。

1.人际功能

语言的人际功能指的是语言具有表明社会关系、建立和维护社会关系的功能。由于语言的人际功能，人们能够在某种环境或场合下表达出自己内心的真实想法和情感态度，并作用在他人身上，对他人产生影响。

2. 篇章功能

语言的篇章功能指的是语言在不跑题的前提下具有创造通顺语句和连贯篇章表达的功能，韩礼德还认为，语篇是具有一定功能的语言。

3. 概念功能

语言的概念功能是指人们使用合适的语言对自己曾经历过的事情以及自身的真实体验和感受进行概括、描述的功能。换句话说，就是人们会通过概念解码以往的经验，达到表达或阐述事物的目的。

韩礼德还提出，基本上所有的句子都在不同程度上体现出以上三种功能，且通常并存。韩礼德对于语言本质的论述为人们研究语言提供了新的思路，有助于人们开展对语言的深入研究，也为后来交际法教学流派的创立奠定了一定的理论基础。

二、语言学习理论

教师对于语言学习理论的认知和理解也会影响语言教学方法和策略的选择，因此有必要学习和了解语言学习的相关理论，此处主要介绍两种语言学习理论：行为主义学习理论和认知主义学习理论。

（一）行为主义学习理论

行为主义学习理论是受巴甫洛夫对"条件反射"这一概念的研究而形成的。行为主义学习理论认为，儿童学习和掌握语言的过程实际上就是不断接受刺激、产生刺激反应的过程。该理论的主要代表人物有华生和斯金纳。

1. 华生

早在 20 世纪初期，华生就提出了行为主义的相关理论，这标志着行为主义学习理论的产生。所谓行为主义，就是通过一些客观方法的运用进行的直接观察的行为。他还指出，无论是人还是动物，都会进行一些有意义或无意义的行为，而这些行为无一例外都是受外界环境因素的影响并通过他们自身的学习而产生的，刺激与反应因素在这些行为产生的过程中也起到了很大的作用。基于以上观点，华生提出了"刺激—反应"公式。

2. 斯金纳

斯金纳在华生行为主义学习理论的基础上进行了拓展。斯金纳认为人们的某些言语行为是受到一些相应的刺激才产生的。能引发人们说出某些言语的刺激主要可分为三种，即言语刺激、内部刺激和外部刺激。而在学习中，反复刺激是一种有效的学习模式和学习方法。对学习内容的反复刺激包括预习、练习、复习等有效措施。反复刺激的学习模式具有加强学习效果的显著作用。反复刺激还能帮助学习者学会使用恰当的语言形式进行表达。总而言之，反复刺激在学习过程中具有十分重要的作用。下图是有关行为主义的学习模式（图4-1）。

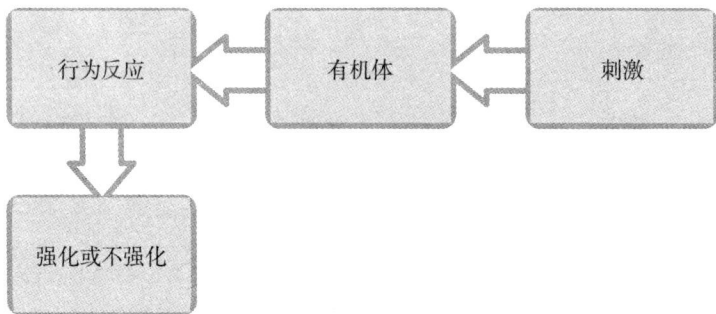

图4-1　行为主义的学习模式图

行为主义学习的理论在美国教育学界曾流行了五十多年，并且在当前的教育机制中仍占有重要地位。行为主义学习理论的主要表现在于教师能够通过一些干预活动来指导学习者的行为，从而帮助学生掌握相关语言知识和技能；除此之外，还表现为经常为学习者提供有关语言学习的材料。

（二）认知主义学习理论

从20世纪初期到20世纪中期左右，行为主义学习理论是语言学界地位最高的一种理论，但行为主义的学习理论有一个致命的缺陷，就是它把所有的思维行为归纳为"刺激—反应"，没有考虑人的主观意识在语言学习中的重要作用，所以越来越多的学者开始提出反对意见。在这种情况下，认知主义学习理论逐渐崭露头角，并引起了学者的关注。认知主义学习理论主要研究的内容是学习的内部条件和内部过程，它认为学习是一种认知结构，这种认知结构的形成依靠的是学习者对情境的领悟和认知。认知主义学习理论的代表性观点有苛勒的顿悟说、皮亚杰的发生认识论、布鲁纳的发现学习理论以及奥苏贝尔的认知—同化学习理论。

1. 苛勒的顿悟说

苛勒是来自德国的心理学家，他主要研究的是格式塔理论。格式塔是指被分离成若干个部分的整体或一些组织结构。格式塔理论的主要观点是要想掌握一门语言，首先要弄清楚语言情境中对话方双方之间的联系，然后才能构成完形，解决学习中遇到的困难或问题，达到最终的目的。在提出格式塔理论不久后，苛勒又提出了顿悟说，顿悟说的核心观点主要包括以下两个方面：

（1）学习不是外界刺激活动和学习者反应活动的简单连接，而是学习者带有一定目的进行了解和顿悟之后才形成的过程。

（2）学习内容的理解和掌握不是依靠出错后的总结归纳实现的，而是通过顿悟实现的。

2. 皮亚杰的发生认识论

皮亚杰是来自瑞士的心理学家，他的代表观点是发生认识论，主要研究的内容是人的认识问题，包括概念认识、语言认识、认识发展等诸多方面。具体分析，他认为每个人从童年时期甚至胚胎时期就开始了认识活动，但人出生之后认识的形成和思维的发展以及影响思维产生的因素、思维的结构等相关问题都是需要研究的，这些属于认知发展的阶段性特征和认知机制问题，也是皮亚杰研究的重点。

皮亚杰通过建立可以直接观察的心理模型来探测和分析人脑活动的过程，运用相对科学和客观的方法探究人类的复杂或者高级认知活动，他的研究行为促进了人们对自身的了解和认知。

3. 布鲁纳的发现学习理论

美国教育心理学家布鲁纳的发现学习理论提出了学习的本质观点。布鲁纳认为学习的本质在于主动形成的认知结构，该结构的主要作用体现在感知和概括新事物方面。认知结构的形成需要一定的经验作为基础，通过不断地变化，学习者能了解和学习到新知识的内部构成。

布鲁纳还把学习的过程分成了三个阶段，即知识的获得、知识的转换和知识的评价。任何学科知识的学习和掌握都要经历这三个阶段，所以从这个意义上来讲，发现学习是最科学、有效的学习方式。要想开展发现学习活动，教师首先要清楚学生是一切学习活动的中心，其次教师要通过一些准备工作激发学生探索学习的动机，最后通过引导学生观察、分析和归纳总结活动，使学生分析问题的能力和解决问题的能力得以提升。

4. 奥苏贝尔的认知——同化学习理论

同为美国教育心理学家的奥苏贝尔在研究前人理论经验的基础上把学习从学习方式角度和学习资料与学习者知识结构的关系角度分为了两个维度。

（1）学习方式。依据学习方式的划分标准，学习可以分为两种类型：其一，接受学习。接受学习是指教师通过定论形式把学习的内容传授给学生的一种学习方式，在此过程中学生扮演一个接受者的角色。其二，发现学习。发现学习与接受学习最大的区别在于发现学习不会将需要学习的内容直接传授给学生，而是通过设计一些活动让学生自己发现这些内容，并将这些内容添加到自己的认知结构中，从而掌握学习的内容。

（2）学习资料与学习者知识结构的关系。根据学习资料与学习者知识结构的关系对学习这一行为活动进行区分，可以将学习分为两种类型：其一，机械学习。机械学习，顾名思义，就是指学习者在没有理解所学知识真正含义的基础上机械地记忆部分学习内容的学习方法。其二，意义学习。意义学习的含义在于将相关语言符号代表的新的学习内容与学生已有的经验感受相结合，使学生在理解原文真实意义的基础上进行学习的学习方法。

综合以上两个不同维度对学习的分类和定义，可以将学习划分为以下四种类型：其一，有意义地接受学习；其二，有意义地发现学习；其三，机械地接受学习；其四，机械地发现学习。

在这四种类型中，奥苏贝尔提出有意义地接受学习是开展教学活动的首要目标，这种学习方式能帮助学习者在较短的时间内掌握大量的系统知识。他还认为有意义地学习的过程就是学习者已有观念对新观念的同化过程，该过程中主要的同化学习方式有以下三种：总括学习、类属学习和并列结合学习。

其中，总括学习又称为上位学习，意思是学习者需要从已经掌握的部分从属观念中总结归纳出一个总的观念或观点；类属学习又可称为下位学习，下位学习的重点在于结合从属观念和总的观念，从而在这两种观念之间建立起一定的联系；并列结合学习方式可理解为学习者在学习过程中接触到的新知识与之前学习过的知识在某种程度上有相同之处，因此学习者可以根据之前掌握的知识理解新知识的意义。

三、教育学相关理论

教育学是一个研究历史悠久的专业，它研究的方向主要是教育知识、教育现象、教育规律、教育方法等教育相关问题。英语教学在成为学校的一门学科之前就属于教育学的研究范畴，英语教学是一门针对外语教学的学科，因而也与教育学密切相关。英语教学活动的组织与开展需要教育学的相关理论来指导，如教学论、教学原则、教学方法等。

教育学中的教学论属于一般性的教学理论，英语教学是教学论的进一步拓展和细化，英语教学活动的开展也是教学论在实际教育工作中的运用。英语教学工作者必须掌握教学论的相关知识，以更好地指导自己的教育实践活动。教育学中很多常规性的教学原则和教学方法也适用于高校英语教学活动。常规的教学原则有科学性原则、启发性原则、直观性原则、循序渐进原则、可接受性原则等；常见的教学方法包括讲授法、演示法、讨论法、参观教学法、自主学习法、任务驱动教学法等。

本书选择了教育学中与英语教学关系十分密切的三个分支学科来对教育学的相关理论进行详细论述。它们分别是教育经济学、教育心理学和外语教育技术学。

（一）教育经济学

从这一学科的名称可以看出，教育经济学主要研究的是教育造成的经济效益问题，这一研究方向和研究内容都比较新颖。用教育经济学的视角研究英语教学，其关注的焦点在于这一课程的受益方。研究教育经济学的理论对开展英语教学活动来说具有两方面的意义。

1. 宏观意义

其一，当今时代，国家与社会发展建设最急需的资源就是人才资源，而学校作为人才成长的摇篮，担负着培养人才的重任，英语课程的改革也要以此为目标，为国家和社会培养语言知识技能突出、全面发展的人才。

其二，在经济全球化飞速发展的今天，国家与国家之间的沟通与合作越来越频繁，在这种背景下，英语是国际通用的语言，英语人才是开展国际合作的媒介，是国家参与国际竞争、企业走向国际舞台的重要辅助因素。

其三，从学生发展的角度来说，学校开展英语教育是为了促进学生综合素质的培养和提升，进而促进学生的全面发展。英语教育的开展不仅能帮助学生掌握英语语言知识和技能，还有利于他们了解不同国家、民族的文化，从而提高他们的跨文化交际能力。

2. 微观意义

研究教育经济学的微观意义要从教学费用和课程效益方面评估。例如，费用评估可能涉及的问题有教师的薪酬、教学场地的花费、培训英语教师所需要的费用、教学管理人员所需工作费用、教材和其他教具、教学资源的费用等。

（二）教育心理学

教育心理学作为心理学的一个分支，其主要研究的内容是教育主体在受教育过程中的心理活动变化，包括教育主体的心理活动规律以及该规律对教学活动和教学效果的影响。例如，学习者的个性特征、思想发展规律、学习习惯等对教学活动开展的影响。

教育心理学与英语教学中的学习动机的激发、语言知识教学、语言技能训练、交际能力培养等方面联系紧密。用教育心理学的理论指导英语教学工作的开展是高校教育事业发展和完善的重要途径，如果英语教育教学工作者能在开展教学工作的过程中考虑到学生学习英语的心理规律和真实想法，那么他们的工作效率和教学水平都会得到很大的提升。

（三）外语教育技术学

当前，随着互联网信息技术在各行各业的普及和应用，在开展外语教学活动的过程中发挥信息技术的优势作用成为广大学校的选择，这也是适应时代发展和社会需求的新型教育教学方式。外语教育技术学就是基于以上背景产生的一门新的学科专业。具体分析，外语教育技术学的出现转变了传统外语教学的基本范式，集外语教育学科构成要素和技术学学科表现要素于一体，并利用这些要素构成了基本的学科框架体系。作为一门新兴的学科，外语教育技术学采用了交叉研究的方法，将语言学、教育学、技术学等多门学科的研究内容科学地融合在一起，确定了自己的研究方向和内容。

外语教育技术学研究的主要内容就是外语教育的应用技术，其中涉及了外语教育技术的相关概念、原理等构成部分以及外语教育技术的规律性和逻辑性等特征，具有较强的实践性与应用性。

将外语教育技术学应用于英语教学实践过程中的具体操作：学生在上课之前需要观看教师准备的预习资料或教学视频，并记录自己预习过程中遇到的问题，然后在正式的上课过程中向教师请教问题，以加深自己对专业知识的理解，然后通过自主学习或者合作学习的方式完成教师布置的作业，教师通过在线课堂系统批改作业，为学生提供帮助。与传统的课堂教学模式相比，外语教育技术学模式充分利用了网络信息技术的科学性和便利优势。

当前英语教学的工作重点在于整合传统教学模式与网络信息技术的应用以改进教学方法、提高教学质量。这种信息技术与传统课堂教学模式的融合应用不仅能激发学生的学习兴趣，还能实现教育资源的共享和课程建设的革新，是英语教学改革的有益尝试。

第二节　英语教学的教学原则

本书认为，英语教学需要遵循的基本教学原则可分为以下五项（图4-2）。

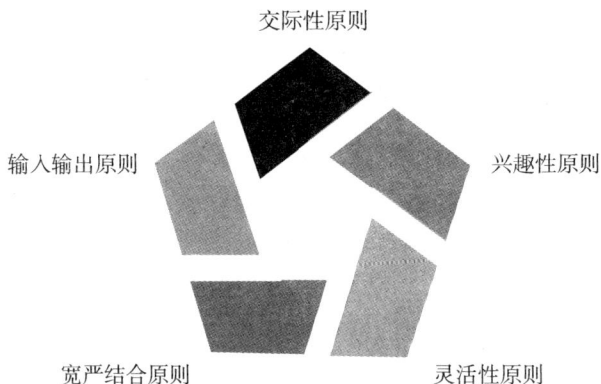

图 4-2　英语教学的基本教学原则

一、交际性原则

交际存在于人们的日常生活和工作中，没有交际社会便不能正常运转。研究表明，交际是在特定语境中说者与听者或者作者与读者之间的意义传递与转换，而语言是人们进行交际的重要工具，人们利用语言来传递信息、交流思想、分享情绪。英语作为一种国际化的语言，更是人们应该学习和掌握的对象。也就是说，学习英语的首要目的就是发挥英语的交际作用，因此英语教学的首要目标就是培养学生的交际能力。交际能力的核心就是人们能够利用自身掌握的各种语言知识和交际知识在不同的场合背景下面对不同的对象展开有效的、得体的交际。

基于以上分析，英语教学应在教学过程中贯彻落实交际性原则，最终达到学生能用学到的英语知识与人顺畅交流的教学目的。为此，教师应做到以下几点。

（一）充分了解英语课程的性质

在传统的教学观念中，英语课程是一门需要学生掌握很多英语词汇和语法规则的语言学习课程。但事实上，英语课程首先是一门技能培养类的课程，掌握了英语就是掌握了一项语言技能，要把英语作为一种有效的交际工具来教、来学、来使用。在教学活动开展的过程中，教师的教、学生的学以及英语的使用三方面是一个相辅相成、不可分割的统一体，这个统一体的核心在于英语的使用。因此，教师要转变传统的教学观念，了解课程的性质，树立新的、科学的教学观念，这才是落实交际性原则首先要解决的问题。

（二）创设交际情景，在情景中教学

交际活动的进行需要以特定的情景为背景，构成情景的基本要素主要包括时间、地点、参与者、交际方式等，一般在特定的情景中，交际发生的时间、地点以及参与者本人的身份都会影响参与者说话的内容、语气等谈话因素。因此在开展英语教学的过程中，教师一定要将教学内容安排在一种现实的、有意义的情景之中。这样才能更好地发挥英语的交际作用，并且也会让学生有一种身临其境的感觉，从而提高他们学习英语的兴趣。总而言之，教师要想办法根据教学内容，充分利用学校提供的教学条件，创设出与日常生活息息相关的各种情景，开展具有交际性、真实性的英语交流训练活动，这样不仅能调动学生学习的积极性和主动性，还能做到学用结合。

（三）注意培养学生有效交际的能力

传统的英语教学只强调英语学习中语法结构的正确运用，而当前英语教学的主要目标是培养学生进行有效交际的能力。而根据交际性原则，良好交际能力的体现就是参与者在交际活动中能在适当的场合、合适的时间、以恰当的表达方式表达出自己内心的想法。这一要求与创设交际情景的要求有着紧密的联系。教师只有不断地创设情景，组织学生开展多方面的交际活动，如角色扮演、话剧表演、影视剧台词配音等，才能帮助学生轻松应对各种场景，从而掌握地道的英语。

（四）注意教学内容和教学活动的真实性

语言的产生与发展与人们的现实生活密切相关，因此教学内容的确定和教学活动的设计必须贴合人们的现实生活。在英语教学中，要把英语这一语言的传授和学生关心的热门话题结合起来，要把一些题材广泛、内容丰富、贴近生活的信息材料融入教学内容中。与此同时，教学内容的真实性还要求教材中的语言和教师的课堂语言是真实的，也就是说学习的语言应是实际交际过程中会使用到的语言，而不是专门为了教学活动编创的语言。

二、兴趣性原则

常言道，兴趣是最好的老师。学生对学习的兴趣可以使学生积极、主动地去学习、去探索未知世界，最终获得较好的学习效果。学者周娟芬曾指出，学习兴趣在帮助学生学习方面具有四大优势功能（图4-3）。[①]

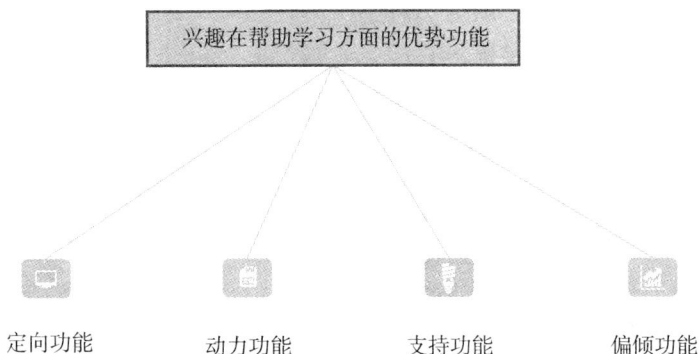

图4-3　兴趣在帮助学习方面的优势功能

（一）定向功能

学习兴趣作为一种影响学生学习过程的非智力因素，往往决定着学生选择的方向和努力的方向，因而可以为学生一生的事业奠定基础。

---

① 　周娟芬.论学习兴趣的培养与提高 [J].西安外国语学院学报，1999（4）：79-81.

（二）动力功能

学习兴趣可以直接转化为学习的动力，当学生对英语语言的学习感兴趣之后，就会充满学习英语的动力，甚至不用外界督促就能自主开展学习。

（三）支持功能

英语学习是一个长期的、复杂的过程，在这个过程中学习者需要掌握大量的语言基础知识和应用知识，这不是一件容易的事情，甚至会伴随着许多挫折和失败，学习兴趣具有引导学生战胜挫折、挑战自我的功效，因而对学习起着支持的作用。

（四）偏倾功能

人们通常会从自己的兴趣点出发观察事物、认知事物。这一现象体现在英语学习上就是每个学生的兴趣不同，其关注的学习英语的功能或侧重点就会有所差异。例如，有的学生记忆力好，喜欢背单词、记单词；有的学生发音比较好，喜欢朗读英语美文和英语口语会话。针对这些侧重点，教师可以加以利用，引导学生全面学习英语。

而教师要激发和培养学生学习英语的兴趣，可以从以下几个方面出发：

其一，充分了解学生的身心特点，尊重学生的主体性。在任何时候，学生都是教学活动的主体，是整个教学过程的核心承载者。英语教学要充分研究学生的生理和心理特征，改变传统的教学模式，遵循语言学习的规律，帮助学生在实践中掌握英语的听、说、读、写技能，采取多种活动方式培养学生的英语语感，提高学生的英语交际能力。

其二，挖掘教材中的兴趣点。教材是英语教学的核心内容，教材内容是学生必须掌握的语言知识技能。教师要充分研究教材内容，结合学生的学习兴趣，挖掘教材中会引起学生兴趣的知识点，争取让每一节英语课都是新颖的、充满挑战的，都能有让学生感兴趣的内容和活动。

其三，注意观察和发现学生感兴趣的话题，进而通过整理和归纳把这些话题作为设计教学活动的真实素材。例如，在教授英语的计数方法和计数规则时，教师可以请学生统计自己生活中有关数字的知识，如自己的手机号码、身高、年龄、衣服尺码、饭费、生活费等，这样一节枯燥的数字课就变成了学生分享生活、分享快乐的一节课，学生在欢声笑语中更提高了学习的效率和学习英语的兴趣。

其四，增进教师与学生之间的沟通与交流。在日常的教学活动中，教师要平等地对待自己的每一名学生，对学生充满爱心、耐心，用自己对英语教学工作的责任感和积极态度去影响学生、感染学生，进而赢得学生的敬爱和喜欢。如果学生们十分喜欢自己的某一名教师，那么在很大的概率上他们也会喜欢参与这名老师组织的教学活动，并且会努力在这门课上取得好成绩。

三、灵活性原则

教师想要在教学过程中激发和培养学生的兴趣，就必须遵循灵活性教学原则，因为灵活性原则是兴趣性原则的有力保障。语言是社会文化生活和人们日常生活的重要组成部分，是一个充满活力的、不断发展的开放性系统；学生代表着年轻的生命和锐意进取的精神，他们是未来的希望，也是美好生活的创造者。语言本身的性质以及学生的身心特点要求英语教学要遵循灵活性原则，具体分析，英语教学需要在教学方法的设计上、教学语言的使用上和学生的自主学习模式上赋予充分的灵活性。

（一）教学方法的灵活性

在研究英语教学的历史上，曾出现过很多各有特点的教学方法和教学流派，其中最具有代表性的教学方法有语法翻译教学法、视听教学法、交际教学法，可以说，每一种教学方法都有其自身的优势和缺点。教师不应拘泥于一种教学方法，而应该学习和比较多种教学方法，根据具体的教学内容、教学条件和学生特点，设计丰富多彩的教学活动，体现英语教学的多样性和创新性，使英语课堂变得充实、有意义，进而激发学生学习英语的兴趣和热情，挖掘学生学习外语的潜能。

（二）教学语言的灵活性

学习一门语言的关键在于使用这门语言，尤其是在交际活动中使用。英语教师要通过灵活地组织和使用教学语言来带动和影响学生使用英语。教师要尽可能地为学生营造一个使用英语的交际环境，尽可能地使用英语讲解教学内容、组织教学活动、鼓励学生在课上使用英语提问题、讨论问题，让学生感到他们所学的语言是富有生命力的、真实存在的。英语教学的过程不应是教师在上面讲、学生在下边听讲和做笔记的单向过程，而应是学生积极参与教学活动、积极响应教师，用英语和教师互动的双向过程，在这一过程中，学生的英语表达能力和思维能力、交际能力都可以得到锻炼和提升。除此之外，教师还可以通过布置的作业激励学生灵活地使用英语，作业的布置应以提高英语的应用能力为目标，如可以让学生录制英语文章的朗读作业，让学生上网查找国外的时事新闻并加以陈述和评议等。

（三）学生自主学习的灵活性

英语教学方法和教学语言的灵活性可以带动学生学习英语的灵活性。教师要引导和帮助学生改变以往机械式的学习方法，探索符合二语习得规律和学生身心特点的自主学习模式，使学生学会自我学习英语的方法，加强以自我实现为导向的自我激励、自我监督方法策略的实施，最终实现基本功练习与自由练习相结合，单项练习与综合练习相结合练习目标。通过以上练习实践，使学生具有扎实的英语语言功底，并能初步用英语陈述事实、表情达意，进行简单的交流，发展学生综合运用语言的能力。

四、宽严结合原则

所谓"宽严"结合其实是一种方法，是指教师在处理学习英语过程中出现的语言错误的方法，即处理准确与流利之间关系的方法。因为学习外语是一个漫长的内化过程，学生从一开始只会使用母语发展到后期能成功掌握一个新的语言系统，这中间会经历很多阶段，在各个阶段中，学生所使用的语言都是一种过渡性语言，它既不是源语的翻译，也不是未来需要掌握的目的语。这种过渡性语言难免会存在一些错误，如词汇错误、语法错误和语言错误等。对于以上各种错误的分析是第二语言习得研究的重要课题，因为对以上错误进行分析，可以推测出学生的学习策略，而这些策略也正是导致学生产生这些错误的原因。此处主要分析两个方面的原因。

第一个原因就是迁移，很多人认为迁移是造成外语学习者产生错误的主要原因，但实际上因为母语干扰产生的错误在所有的错误类型中只占一小部分。第二个原因就是过度概括。所谓过度概括是指外语学习者总结概括出所学过的一些语言结构，然后在此基础上创造出一些不正确的结构。

对待学生在外语学习过程中产生的这些错误，有两种极端的做法是教师们应该避免的。一种极端的做法是把学生犯的每一个语言错误都看得十分严重，这样做的理由是教师认为学生在学习语言的初期一定要掌握最正确的语言知识，如果对学生的语言错误放任不管，一旦学生养成习惯就很难改过来了。这种想法本质上是没有问题的，但错就错在教师在讲授英语知识的实践过程中不应抓住学生的错误不放，不应反复强调某一同学具体犯了什么错误，这样的做法没有很好地考虑到学生的自尊心和积极性，时间长了他们可能就不愿意学习英语了。另一种极端的做法是对学生犯的语言错误视而不见，完全不予以纠正。这样做的理由是教师认为语言的学习最重要的是熟能生巧，只要多听多练就能掌握正确的语感和语言的用法。这种方法借鉴的是母语学习者学习母语的方法，但现实是大多数教师不能向学生提供母语学习者的语言学习和语言练习环境，因而这种方法不利于培养语言的准确度。

在学习英语的过程中，出现语言错误是很正常的事情。每一名语言学习者，都会经历一个不断出错又不断纠错、不断改正的过程，没有这个过程的洗礼就不能真正掌握这门语言，就不能达到流利表达的语言水平。因此，教师要不断鼓励学生努力表达自己、展示自己的语言水平，即使是"支离破碎"的表达，也要耐心倾听，并给予足够的尊重。一方面教师要坚持用自己专业、准确的表达影响学生、引导学生；另一方面，当教师发现学生的表达存在语言问题时，要在肯定的前提下进行必要的纠正，保证学生下次不会犯同样的错误。

总而言之，在英语教学的过程中，教师应坚持宽严结合的原则。具体分析，当以培养学生的交际能力为教学目的时，对学生的语言错误采取宽容的态度；当以传授英语语法知识为目的时，则采取严格的态度。这样既能保证学生具有扎实稳定的语言基础，又有利于培养学生的英语表达能力。

宽严结合的原则实际上就是要处理好语言准确和表达流利之间的关系，即既要强调语言的准确性，又要重视语言表达的流利与顺畅。对此可以结合学习者的语言水平进行分析：对于初学者而言，不用过分纠正语言中的语法错误、词汇错误等语言错误，而要更多地鼓励他们用英语互相交流，帮助他们树立学习英语的信心，培养他们学习英语的兴趣；对于中等以上的学习者，如高校学生，可以在不打击他们英语学习积极性的前提下适当地纠正他们语言表达上的问题。也就是说，年级越高，水平越高，越要注意准确性。

五、输入输出原则

输入和输出原则与英语学习中"听说读写"技能的培养密切相关。其中，"输入"是学生学习和掌握英语语言材料的过程，这一过程主要依赖"听"和"读"完成；"输出"是学生表达已掌握的英语语言材料的过程，这一过程主要通过"说"和"写"完成。很显然，输出行为建立在输入行为基础上，基于这一原理，可以认为，输入是第一性的，输出是第二性的。具体分析这一观点，就是说，人们在学习英语的过程中，能理解的部分要比能表达出来的部分要多，语言输入的量越大，大脑积累的语言材料越多，语言输出的能力就越强。通俗来讲，听的语言、读的语言越多，表达能力就会越强。根据实践研究，有效的语言输入应具备三方面的特点：

第一，可理解性。可理解性是指学生输入的语言信息都应是能被学生理解的，如果学生不能理解，那么这些输入就好比"对牛弹琴"，是不容易被记忆和应用的。

第二，趣味性或恰当性。趣味性或恰当性是指学生输入的语言信息应该是让学生感兴趣的内容，只有让学生感兴趣的语言信息才能让学习者乐于学习，才能让学习者尽快接受并记住相关信息内容。

第三，足够多的输入量。语言的习得需要大量的练习和应用。学生只依靠课上时间教师组织的练习活动来学习是无法掌握新的语言知识的。实践证明，学生要掌握一个新的语言知识点，需要数小时的练习以及充分的讨论才能完成。

教师在英语教学的过程中要遵循输入和输出原则可以从以下几个方面入手：

（一）扩大学生的英语接触面

为增强对学生英语语言的输入效果，教师要根据视觉、听觉等手段，为学生提供各种类型的输入途径，扩大学生的英语接触面。例如，在教学过程中利用音像材料示范英语的发音、朗读技巧，为学生播放一些贴近学生日常学习、生活的影像资料，给学生推荐一些符合学生英语水平、学生比较感兴趣的英文读物等。

（二）利用好学生的理解能力

教师应利用学生的理解能力扩大对学生的语言输入量。只要学生能理解的信息，就让他们听，让他们读，让他们接触。而且，为减轻学生的输入压力，还可以只要求学生理解，而不强制要求他们用说或写的方式将输入的信息表达出来。

（三）注意输入内容和输入形式的多样化

学生接触的英语不应只是教材上的文字素材，而是要追求有声音、有图像的英语素材，而且涉及的题材和体裁不是一成不变的，而是涉及生活中的方方面面，这样才能激起学生学习英语的兴趣。其实在人们的日常生活中，英语的身影随处可见。很多商品比如衣服、化妆品、学习文具、运动器材等上边都标有英文，一些公共交通像公交车、地铁上还会用英文报站、介绍站点。如果有心，学生就能不费力气地学到很多英语知识。此外，教师还可以根据语言输入的文字、声音、影像等分类方法，为学生提供多种形式的语言输入。

（四）注意输入与输出相结合

一门语言的习得仅仅依靠大量的输入是不行的，因为语言的主要功能是交际，语言最终是要在交际活动中输出的。学习英语也是同样的道理，学生要想真正地掌握英语、具备灵活运用英语的能力，不可能只依靠单方面的输入，还要通过口头和笔头的表达来检验输入和理解的成果。具体来说，就是要在增加可理解输入量的同时，不断开展有效的练习和实践应用活动，如模仿练习、结对练习、小组练习。

第三节 英语教学的教学内容

教学内容是指在教学活动中为了实现教学目标，教师和学生共同接触的知识、技能、观点、原理、事实等的总和。教学内容是教师要传授给学生的内容，它不仅指语言知识，还是一种特殊的知识系统。教师在选择和确定教学内容的过程中既要考虑英语作为一种语言本身的知识体系，又要考虑到与英语相关的一些影响因素，如社会文化因素，同时还要结合学生的身心特点和学习需求。具体分析，英语教学的教学内容可分为以下四大类，即语言类、文化类、策略类和态度类。将这四大类继续划分，又可分为以下八项内容，如图4-4所示。

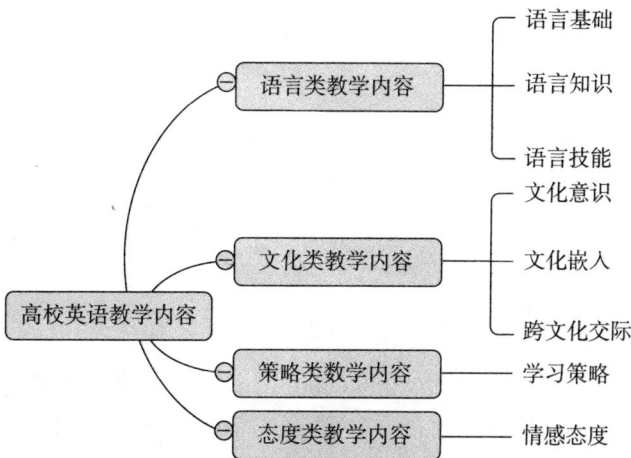

图4-4 高校英语教学内容

一、语言类教学内容

（一）语言基础

英语教学中语言基础类教学内容又包括语法结构项目和功能意念项目。

1.语法结构项目

（1）词语层面，包括各类名词、动词、形容词、数词、限定词、副词、介词、构词法和被动语态等。

（2）句子层面，包括句子成分、句子结构、句型、各种从句、同位语、直接／间接引语等。

（3）超语句层面，包括强调、省略、替代、插入语、倒装语序、标定符号等。

2.功能意念项目

（1）表示态度，如相信、愿意、同意、认定、怀疑、抱怨、责备、不确定等。

（2）表示寒暄，如问候、同情、祝贺、邀请、介绍、致谢、告别、道歉等。

（3）表示情感，如开心、焦虑、担心、忧愁、满意、愤恨、恐惧、失望等。

（4）表示信息，如定义、概念、概括、总结、阐述、叙述、描述、辩论等。

（5）表示时间，如时刻、时段、频度、时间关系等。

（6）表示空间，如位置、方向、距离、运动等。

（7）表示关系，如相同、相似、类似、假设、假定、所属、因果、让步、目的、条件、不同等。

（8）表示特性，如形状、颜色、体积、材料、规格、功能等。

（9）表示计算，如加、减、乘、除、倍数、百分数、分数等。

（10）表示计量单位，如长度、宽度、高度、深度、温度、速度、平均、比例、容量、限度等。

（二）语言知识

英语语言知识是综合英语运用能力的重要组成部分，是学习和运用外语语言必不可少的内容，没有扎实的语言知识就不能很好地掌握这门语言。英语语言知识包括英语的诞生和历史演变、英语在现代国际社会中的广泛应用等知识内容。

（三）语言技能

英语语言技能包括听、说、读、写四种技能以及这四种技能的综合运用，实践证明，这五种能力的培养和提升有利于激发学生学习英语的兴趣，提高学生的自信心，也有助于教学质量的提升。

1. 听力技能

（1）辨别音素。

（2）辨别重音。

（3）辨别语调。

（4）听对话时理解话语的真实含义和对话内容。

（5）听文章或新闻报道时理解语篇的主题或大致含义。

（6）听演讲或报告时领会说话人的观点、态度和意图。

2. 说（表达）技能

（1）发音和语调都十分标准。

（2）不仅能用英语回答他人的问题，还能用英语发问。

（3）在听到或看到一个故事之后，可以大致复述故事的内容。

（4）可以就日常生活、学习、工作话题展开对话。

（5）可以就日常话题做出一个口头作文或发表评论。

（6）可以发表即兴的简短的演讲或讲话。

3. 阅读技能

（1）理解文章的主题或中心思想。

（2）通过大致浏览能明白文章大意。

（3）快速阅读查找特定信息。

（4）仔细阅读辨别关键细节。

（5）区分客观事实和主观看法。

（6）根据上下文语境推测不认识单词或短语的含义。

（7）理解复杂句子的内部关系。

（8）推测论述文章后续。

（9）给文章下结论。

4.写作技能

（1）写出正确的句子。

（2）写出表述合理、逻辑顺畅的段落。

（3）写各类短文和文章，如描写文、叙事文、说明文、应用文。

5.翻译技能

能进行简单的口译和笔译，灵活运用各种翻译方法（图4-5）。

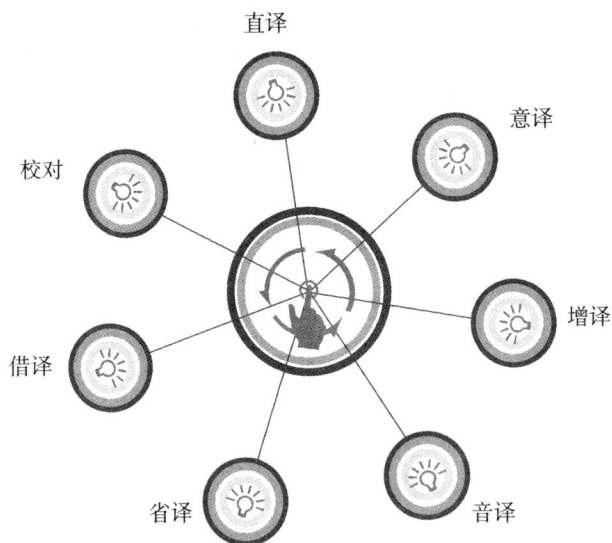

图 4-5　语言技能中的翻译方法技能

二、文化类教学内容

（一）文化意识

在英语教学中，英美文化指以英语为母语的国家的居住者生活方式、历史地理、风俗习惯、宗教信仰等。认识和了解英美国家的历史和文化对于学生理解和使用英语十分有帮助，但在学习英美文化的过程中学生不可避免地会接触到英美国家特有的文化观和价值观。因此英语教师在开展英美文化教学的过程中要积极引导学生树立正确的文化意识，在讲授英美文化知识的同时通过中西方文化的对比引入中国文化的内容作为课堂教学的内容之一。通过进行中西文化的对比培养学生对多元文化的敏感意识、对国家发展与国际关系的密切关注。中国文化博大精深、源远流长，中国文化的引入有利于培养学生的爱国情感和文化自信心，进而提高学生的人文素养，培养学生的文化意识。

（二）文化嵌入

1. 文化行为项目

（1）日常生活，包括穿衣打扮、饮食用餐、居住条件、交通出行、购物旅行、医疗服务、节假日习俗、搬家等。

（2）家庭生活，包括家庭成员、亲戚构成、家庭聚会、家庭分工、家庭消费、家庭纠纷等。

（3）人际关系，包括寒暄、介绍、交友、会客、聚会、送礼、祝贺、安慰、打电话、通信、邀约、拜访、帮助、拒绝、合作、对抗等。

（4）接受教育，包括幼儿教育、青少年教育、成人教育、学校教育、职业教育、课外活动、校园生活、教育实习、社会教育等。

（5）娱乐消遣，包括看电影、看电视节目、看演唱会、听广播、听音乐、观看戏剧表演、参与体育锻炼、参与各类户外活动等。

（6）表达情感态度，包括高兴、兴奋、沮丧、感谢、同情、赞美、讨厌、惊讶、道歉、服从、道歉、妥协、爱慕等。

（7）观点意见，包括同意、反对、中立、赞成、商讨、评价等。

（8）婚姻习俗，包括恋爱、婚姻、婚礼、生育等。

（9）个人隐私，包括年龄大小、经济收入、婚姻状况、家庭状况、受教育情况、工作情况、宗教信仰、政治立场等。

（10）时空概念，包括肢体接触、人际交往距离、时间观念、时间划定、时间分配等。

（11）宗教活动，包括宗教派别、宗教教义、宗教仪式、宗教节日、宗教人物、宗教著作等。

2. 文化心理项目

（1）社会价值观，包括个人与集体的关系、竞争意识、男女地位、权威与业余、社会阶层划分等。

（2）人生价值观，包括理想、意义、成就、金钱、荣誉等。

（3）人类与自然，包括战胜自然、征服自然、适应自然、天人合一、和谐相处等。

（4）伦理道德观念，包括公平与正义、善良与邪恶、良知与利益、经济发展与环境保护等。

（三）跨文化交际

1. 全球化文化环境

20 世纪 90 年代以来，随着改革开放进程的日益扩大，我国的传统文化思想与文化观念也受到外来思想文化的影响。与此同时，人们深刻地感受到了生活观念、经济观念和文化思想观念正在发生重大的变革，所有的事物都发生着肉眼可见的变化。这一时期也是流行文化盛行的时期，一些学者通过研究流行文化的发展，表达了自己独特的文化思想，这些文化思想冲击着人们原有的认知，对人们的生活产生了重要影响。这些文化行为和文化现象的产生也标志着我国已经融入了全球化的文化发展环境。

2. 文化与语言

文化与语言是相辅相成、难以分割的关系。首先，语言对于文化来说，既是文化的载体，又是文化的风向标。语言作为文化最重要也最常见的一种载体，对文化的产生、存在、发展和传播、传承都起到了重要作用。语言是文化的风向标主要体现为语言在一定程度上引导着文化。不同的文化面对相同或不同的客观现实，会创造出不同的语言，语言可以引导人们去认识、去了解其他文化接触和改造外部世界的方式。

其次，文化对于语言来说，主要有两个方面的作用。一是文化为语言的发展提供温床，没有文化，语言就不会存在，就失去了发展的条件。语言与文化一起体现了民族的思维方式、思想信念和行为准则。二是文化制约着语言的运用。语言的选择和运用受到语境的影响，语境是语言生成和理解的先决条件，而文化又是语境最主要的组成部分，所以说语言的运用受到文化因素的制约。不同时期的文化不断地将当时的文化精髓注入语言之中，因而文化是促进语言更新换代的动力，是语言表现的基本内容，文化的发展与变化影响着语言的选择和运用。

综上所述，语言是文化的一部分，语言时刻反映着文化，文化需要语言来承载、传播和传承，语言与文化相互作用，相互影响。语言不能脱离特定的文化而单独存在，文化的传播与发展也离不开语言。

3. 文化与交际

来自不同文化背景的交际双方在交际过程中如果事先没有了解对方的文化，通常就会产生跨文化交际的障碍。跨文化交际障碍指不同文化背景的人们在开展交际活动的过程中，会下意识地认为对方与自己没有很大的差别，而一旦发现对方的某些言语行为与自己的期望严重不符，就会产生困惑、怀疑、失望等情绪，进而造成交际失败的情况。这一现象的产生主要是刻板印象在起作用。刻板印象形成的原因大都是个人没有足够的时间去了解和接受某一文化。刻板印象一旦形成，就很难纠正、改变，刻板印象主要包括语言障碍、心理障碍、文化定式、文化偏见、民族中心主义。

跨文化语言交际指一种语言的使用者与另外一种语言使用者之间的交际，也可以指任何在语言和文化背景方面存在差异的人们之间的交际。例如，当两位交际者交际时使用的语言相同但文化背景不同时，他们的交际过程也称为跨文化交际。在跨文化交际的过程中，能与交际对方进行无障碍的交流是交际者的最大心愿，现实中这种想法很难实现，因为绝大多数人的交际有效性和适宜性都受到多种因素的影响。在此列举较为常见的几类影响因素：

（1）语言的局限性。语言问题是阻碍交际双方顺畅交流的首要问题。即使交际双方使用同一种语言，对语言系统本身的不够了解和语言中涉及的文化问题仍然存在，并会给交际造成各种障碍。语言系统中的问题有发音不标准、语义不清、词汇缺失等，语言中的文化问题有词语中的文化概念不对等、文化联想差异等。

（2）思维方式的差异。各民族生存的文化环境不同，使用的语言不同，导致跨文化交际双方的思维方式不同。文化环境的主要构成因素有语言文字、哲学思想、生产方式、历史传统等。其中语言是感知和认识世界的重要手段，语言能体现思维方式。思维方式的差异导致交际双方看待事物的观点不同，进而处理事情的方法和思路也会不同。

（3）交际风格的差异。交际风格是指在交际过程中，人们传递和接收信息时喜欢或习惯采用的方式。例如，一般而言，大部分中国人在谈话中习惯表现得十分谦卑，相信言多必失，沉默是金，且中国人对交谈双方的地位关系十分敏感，认为人际交往的主要目的就是促进二人之间的关系。大部分美国人则喜欢展示自己的自信，喜欢就事论事，会为了解决问题与对方展开详尽的交谈，不太注重社会文化因素和人际关系对谈话结果的影响。

4.文化多元化

世界上有2000多个大大小小的民族，分布在200多个国家和地区。各个国家和地区自然条件、地理环境、历史背景、气候状况、生活方式等方面的差异，导致这些民族孕育出了不同的民族个性，催生出了不同的文化传统，使世界上的文化呈现出多元化与多样性。在全球一体化趋势发展之前，各个文化处于相对独立发展的状态，受外来文化影响较小。伴随着全球一体化进程的加快，多元文化之间的交流也越来越频繁。多元文化促进了文化之间的沟通，但外来文化与原有文化的激荡与碰撞，肯定会冲击原有的主流文化。

在这种环境下，英语教师必须帮助学生树立正确的文化观，既要坚守本民族的优秀传统文化，又要尊重其他民族的文化，相互学习，互相理解，尊重文化的多样性，遵循各民族文化一律平等的原则。与此同时，英语教师还应对照社会主义核心价值观和中国文化价值观，努力挖掘英语教材中体现社会主义核心价值观的素材、元素，适时地对学生进行价值引领，要使学生意识到他们学习英语的目的不仅是了解西方文化、参与国际交流，更重要的是深谙中国文化和中国国情，并且向世界讲述中国发展的故事，在世界舞台展示中国新形象，做中国文化的传承者和传播者。

三、策略类教学内容

此处的策略类教学内容指引导学生开展有效学习的学习策略。具体分析，是学生为有效地学习英语和发展英语能力而采取的各种行动和步骤。实践证明，有效的英语学习策略包括认知策略、调控策略、资源策略、交流策略、语境策略等。教给学生正确的学习策略有助于学生树立英语学习的信心，提高英语学习的效率，从而为终身学习、终身教育奠定基础。

四、态度类教学内容

态度类教学内容主要指情感态度教学。情感态度指影响学生学习过程和学习效果的信心、兴趣、动机、意志力等相关因素以及学生在学习过程中形成的民族意识、政治素质、爱国情感和国际化视野。具体来讲，在开展英语教学的过程中，教师应采用各种方式方法培养学生学习英语的兴趣，激发他们学习英语的动机，帮助他们树立学好英语的自信心，体验学习的痛苦与快乐，认识自身的优势和不足，鼓励他们多与同学用英语交流练习，培养爱国情感和爱学习的态度。

除此之外，英语教师还可以搜集一些以英语为目的语的补充思政教学素材作为教学内容激发学生学习英语的兴趣，并培养学生民族意识、政治素质和爱国情感。接下来列举几类以英语为目的语的补充思政教学素材。

（一）国家领导人讲话

《习近平谈治国理政》（中文版和英文版）一书收入了习近平总书记的讲话、谈话、演讲、答问、批示、贺信等分为若干专题，为帮助各国读者了解中国社会制度和历史文化，本书做了必要注释。这本书可作为英语课堂教学使用的思政素材或学生开展课下阅读的语言材料，对这本书进行学习，既能提高学生使用英语讲述中国社会制度、历史文化和现代化发展建设的能力，又能提升学生的政治素养。

（二）中国文化典籍英译版本

中国文化典籍是记录中国文化、传承中华文明的瑰宝，使用《论语》英文版、《道德经》英文版、《弟子规》英文版作为思政资源素材开展英语教学能帮助学生了解中国传统文化的精髓，培养学生的民族意识。

（三）中国英文媒体报道

中国英文媒体报道，例如，新华社（Xinhua News Agency）、《中国日报》（China Daily）、《上海日报》（Shanghai Daily）、《北京周报》（Beijing Review）、《人民日报》（People's Daily）、《今日中国》（China Today）、《求是》（Qiushi）、中国国际广播电台（China Radio International，CRI）、中国环球电视网（China Global Television Network，CGTN）、中国网（China News）、《环球时报》（Global Times）等，这些媒体的报道与评论有很多都可以在网上找到电子版的内容，由于其具有语言专业、时事性强的特点，因而也可以作为学生课内外阅读的素材，阅读这些材料既能提高学生的英语语言表达能力，又能提高学生的道德修养和政治素质。

这些思政补充素材让中国历史文化、中国时政穿上英语的外衣，融英语语言教学和思政教育于一体，使英语语言教学与思政教学无缝对接，增强了英语教学的思想性和问题意识，使学生在学习英语的同时站稳思政立场，增强中国文化自信和文化责任感，树立正确的价值观，自觉把个人的理想追求融入国家和民族的事业中，在实现中华民族伟大复兴中国梦的生动实践中放飞自己的青春梦想。

第四节 英语教学的教学模式

一、英语教学模式的内涵

（一）什么是教学模式

1. 教学模式的概念

1972 年，美国学者乔伊斯（Joyce）和韦尔（Weil）出版了《教学模式》一书，书中首次提出了"教学模式"的概念。与此同时，他们还总结归纳了当时流行的 25 种教学模式，将这些教学模式划分为四大范畴，即社会型教学模式、信息加工型教学模式、行为系统型教学模式和个人型教学模式。此外，乔伊斯和韦尔还提出他们研究教学模式的目的是"系统地探讨教学策略、教学目的、教学材料、课程设计以及社会与心理间的相互影响，以设法对使教师行为模式化的各种具有选择性的类型予以考察"。受两名学者的影响，很多研究者开始将教学模式作为自己的研究对象，其中部分研究者还将自己的研究成果以著作的形式进行了出版。与此同时，美国很多高校开设了与教学模式相关的课程，一些心理学家也对教学模式做了专门的讨论。

我国学者在 1984 年以后才开始研究教学模式，不同领域的学者根据自己的见解对教学模式进行了界定，迄今为止，还未形成一个统一的说法。在教育学专业领域，有些学者认为教学模式属于一种特殊的教学手段，也有一些学者认为教学模式是与特定教学任务相关的教学程序与方法的体系。接下来列举部分学者对教学模式的定义。

张正东认为："教学模式是由理论支持的教学活动的操作框架，它可能根据一定的教学理论构成，也可能是根据实践经验构成。"[①]

隋铭才认为；"英语教学模式是对语言教学理论或与英语教学过程各个

---

① 张正东. 外语立体化教学法的原理与模式 [M]. 北京：科学出版社，1999：279.

主要因素本质及相互关系等的形象化阐释。"①

李定仁认为："教学模式是根据教学规律、教学思想而形成的在教学中必须遵循的稳固的教学程序与方法的策略体系，包含教学过程中各个要素的组合形式、教学程序及其他与之相关的策略。"②

在上述定义中，本书更倾向于学者李定仁的看法。这主要是出于两个方面的考虑。首先，教学模式不仅应反映相关教学理论、教学思想，还要符合教学工作开展的客观规律。如果教学模式与教学的客观实际不相符，那么该教学模式就不具有应用价值。其次，李定仁还吸收了其他学者认为教学模式是"教学程序及其方法的策略体系"这一观点，并指出了策略体系包含的内容。这主要是因为将教师、学生、教学材料、教学手段等融为一体的教学模式更具有操作性和直观性。

2.教学模式的结构分析

分析上述定义可知，不同学者对教学模式概念的理解不同，但他们对当前教学模式的结构认知没有太多分歧，只是在表述上略有差异。本书参照学者李定仁对教学模式的结构分析，将教学模式结构分为六部分：教学理论、教学目标、教学条件、操作程序、师生结合、教学评价（图4-6）。这六部分之间的关系不是相互独立的，而是相互关联、互相影响的。

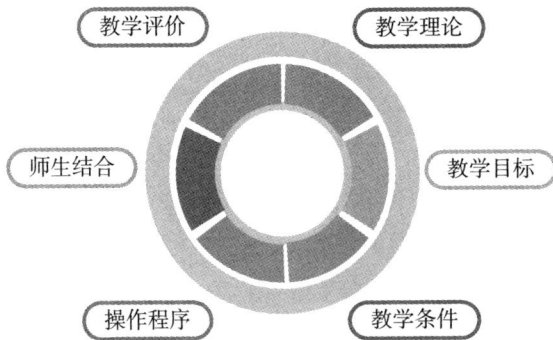

图4-6　教学模式的六大结构

①　隋铭才.英语教学论 [M].南宁：广西教育出版社，2001:222.

②　李定仁.教学思想发展史略 [M].兰州：甘肃教育出版社，2004:271.

（1）教学理论。所有的教学模式都是建立在一定的教学理论或教学理念基础上的。有些教学模式虽然在形成初期没有明确的理论指导，但在对教学经验进行研究、分析和概括时，总是需要一定的指导思想。

（2）教学目标。教学模式的制定都会指向相应的教学目标，教学模式的实施也是为了实现某些特定的教学目标。例如，参与式教学模式的目标是为学生提供平等、自由的学习环境，通过主体参与，让学生有机会在良好的学习氛围中探索问题、分析问题、解决问题、完成学习任务，最终达到提高学习能力、促进全面发展的教学目的。

（3）教学条件。教学条件是指根据一定的教学目标，帮助教学模式发挥作用的各种条件。任何一种教学模式想要达到预期的教学效果都要依靠一定的教学条件。教学条件涉及多个层面的内容，包括教学环境、教学媒介、教学材料、教学时空、教师、学习者等。例如，网络课程教学模式的实施需要网络技术和设备等教学条件的支持。

（4）操作程序。操作程序是根据教学活动的逻辑步骤、实践序列展开的。不同的教学模式，其操作程序也各有特点。因此操作程序是教学模式得以存在的重要条件。

（5）师生结合。教学活动是教师和学生共同参与的统一活动，活动既包括教师的讲授也包括学生的学习。教师和学生在活动中扮演着各自的角色，发挥着彼此的作用，教学模式不同，师生组合的形式也不相同。例如，在参与式教学模式中，教师是学生学习活动的指导者、辅助者、监督者和管理者，其扮演的角色的任务是对学生的学习行为进行引导、答疑、监督和管理，而学生扮演的角色是学习活动的参与者、学习问题的探究者和解决者。

（6）教学评价。教学评价是教学模式的重要组成内容，主要包含评价标准和评价方法。教学目标、教学条件和操作程序不同，评价标准和评价方法也不一样。例如，罗杰斯（Carl Ransom Rogers）提出的非指导性教学模式是帮助学生实现个人综合的自我鉴定，教学的学习评价主要是学生的自我评价，这种自我评价能帮助学生对自己的学习行为负责，从而使学生更加积极主动地参与到学习活动中来。

（二）英语教学模式的内涵探索

1.英语教学模式的概念界定

英语是国际上的通用语言之一，也是当今世界使用最广泛的语言，因此世界大多数国家的高等学府、大学院校都开设了英语专业课程。仅仅在中国，就有超过一百所大学设有英语专业或英语相关专业课程，如英语教育、商务英语、英语翻译、英语口译等。我国众多高校开展英语教学的重要意义不仅在于紧跟时代发展的潮流，更在于促进国家的发展和国际上的交流与合作。

英语教学模式是英语教学不可缺少的组成部分，也是众多学者研究的对象。结合上文对教学模式的概念界定，可以将英语教学模式定义为在一定教学理论、教学理念的指导下，或者以英语教学实践为基础，为实现某些特定教学目标而形成的稳固的教学程序及方法的策略体系，包含教学过程中各个要素的组合方式、教学程序及其与之对应的教学策略。

2.英语教学模式构建的视角

近几年来，我国英语教学界的学者一直在探索适合中国国情的教学模式，他们对教学模式的研究涵盖了小学、初中、高中和大学等层面，这些教学模式有些是针对英语某项知识技能的教学开发出来的，例如，"问题式"英语阅读教学模式、英语语篇教学模式，有些是根据学生的学习需求开发出来的，例如，高中英语逆向教学模式、"三位一体"大学英语整体教学模式等。虽然上述英语教学模式的研究呈现出零散的特点，但总体上教学模式建构的视角有以下四个：

（1）理论视角。理论视角下的教学模式是在教学实践中形成的一种有关如何设计和组织教学的理论，并以简约的形式表达出来。

（2）结构视角。结构视角下的教学模式是在一定教学理论或理念指导下建立起来的各种类型教学活动的基本结构或框架。

（3）程序视角。程序视角下的教学模式是在一定教学理论指导下建立起来的、能够完成教学任务的、相对稳固的教学程序及其实施方法的策略体系。

（4）方法视角。常规的教学方法俗称小方法，教学模式俗称大方法。

3.英语教学模式的程序设计

在实际的英语课堂教学中，不同的英语教师会根据实际的教学情况和自身的教学能力选择不同的教学模式，一般英语教师不会只采用一种教学模式来开展教学活动，因此不能准确地说某位教师采用了某种教学模式，但是可以发现五种教学模式中常用的程序设计，它们分别是翻译式、听说式、答疑式、网络式和交际式。

其中翻译式是指在英语教学中，教师使用母语系统讲授教学内容，帮助学生掌握英语词汇知识和语法规则；听说式强调用有限数量的句型来描述英语句子的语法规则和使用方法，引导学生在学习英语的过程中养成良好的语言学习习惯；答疑式是指教师提前搜集和整理学生在学习过程中遇到的问题，然后在课堂上就学生提出的共同性问题、重难点问题组织讨论或展开深入讲解；网络式要求教师和学生共同整理和归纳有共性、有意义的知识点，然后由教师引导学生通过分析它们之间的联系把新旧知识编织在一起，形成合理的知识结构；交际式是指教师选择一个语言功能项目，并设置一定的交际话题，引导学生为获取一定的交际信息而模拟交际的过程。

二、功能型英语教学模式

关于功能型英语教学模式，其更加关注教学的功能取向，本节总结了斯特恩、卡内尔、王才仁对功能取向下的英语教学模式的不同理解，下面做详细介绍。

（一）斯特恩功能型英语教学模式

在斯特恩看来，与结构派相比，功能派更强调语言使用者的社会因素和环境因素，将功能派观点应用到语言研究方向上，则主要在语义学、话语分析、社会语言学以及交往人类学等方面上有所体现。于教育教学而言，将交际看作教学内容本身的功能派主要有两大观点，即"功能分析"和"功能大纲"，前者具有明显的分析性，后者则是整体性和非分析性的。在教育教学发展过程中，功能分析对教学的诸多方面都有影响，例如，教学大纲的制定、教材的开发、教学方法的选择与应用。下面通过几个例子来展示功能分析对语言教学产生的影响：威尔金斯（Wilkins）曾提出了意念大纲这一概念，并促进了欧洲委员会现代语言项目的开展；威顿逊（Widdowson）提出交际语言教学法重视语言的"使用"（use）而不是"用法"（usage）；门比（Munby）提出特殊目的语言教学项目内容鉴定模式。

斯特恩认为，在语言教学课堂上，要保证交际活动的开展是标准的，就应当满足以下四个条件：第一，与讲本族语言的人进行基础交流；第二，要找机会融入目标语环境；第三，要在课堂中尽可能创造真实使用语言的情境；第四，教学活动应当有学习者的参与。在我国英语实际教学中，要同时满足这四个条件存在一定的难度，尤其是将讲本族语的人引入课堂。但是，我国的英语教学可以借鉴和吸纳这些条件所蕴含的精神，并利用这些精神来进一步优化课堂教学。具体来说可以从以下几点开展。

充分利用语言课堂的教学行为；尽可能选择与学生日常生活相关的话题并组织学生展开讨论；尽可能选择对学生有教育意义的话题；为了提高学生的交际能力，对目标语的应用把握更加准确，应设置合适的交际课堂练习。

总而言之，交际课堂教学的方式有很多种，不论采取哪种教学方式，其目的都是使师生和生生之间通过有意义的讨论来提高学生的交际能力。交际法教学主张在语言使用的过程中使参与者学会语言的用法，至于采取怎样的教学方式，其并没有过多的要求。

（二）卡内尔功能型英语教学模式

自 20 世纪 60 年代起，人类对语言研究的重点逐渐发生转移，不再重点研究语言的形式和句法关系，转而开始研究语言的使用、语义和语言的社会功能。在语言教学方面，社会语言学做出了较大的贡献，即提出了交际能力这一概念。20 世纪 80 年代，加拿大的卡内尔（M.Canale）和斯温（M.Swain）对以往有关交际教学法相关的理论研究进行了系统性的归纳总结，并得出了关于交际能力构成的结论，他们认为交际能力主要包括以下三个方面：

第一，掌握语法，具体包括词汇、句法、语音等多方面的知识。

第二，掌握语言的社会功能，即在使用语言时应当掌握的社会文化规则以及相应的语篇规则。

第三，使用策略，指是为了保证交际能够顺利进行，需要采取的语言和非语言交际策略。随着社会的不断发展和交际教学法的不断完善，使用策略也得到了进一步的充实，包括如何开始对话、如何维持对话、怎样澄清事实、怎样结束对话等。

后卡内尔又对交际能力做了进一步研究，并对交际能力的构成框架做了适当的调整，语篇能力不再存在于掌握语言的社会功能层面，而是独立构成了交际能力的第四个层面。除此之外，卡内尔还对使用策略做了进一步拓展，将提高交际有效性的各种方法归纳到了使用策略这一层面。

总之，功能型教学模式的诞生涉及多个方面，包括社会哲学、语言学、人类学等，并且以"语言的社会交际功能是最本质的功能"为核心思想的社会语言学的诞生为功能型教学模式奠定了语言学基础。

说到交际法，其最先在欧洲使用，当时是被作为一种典型的教学方法而在教学活动中使用的，交际法的教学大纲主要是以语言的功能项目为主。从交际法的诞生与使用产生的影响来看，该方法实际上并不是一种普通的教学方法，其在当时对国际语言教学都产生了重大影响，逐渐形成了一场国际性的交际运动，并在不断发展的过程中逐渐形成了多元化局面。由于交际教学涉及多种理论，属于一个多种理论的联合体，因此人们很难对其内涵做出明确的界定。但是从整体来看，交际法主要包含两个观点：第一，外语学习者都有他特定地对外语的需要；第二，语言并不是单纯为了生成句子而存在，其更多的是为了表情达意，语言的主要功能就是进行社会交际。

由以上分析可以得出，交际法的教学目的是使学生能够在特定的社会环境中正确使用外语，从而促使交际顺利进行。

卡内尔观点下的功能型教学模式在实施时应当从以下三个方面展开（图4-7）。

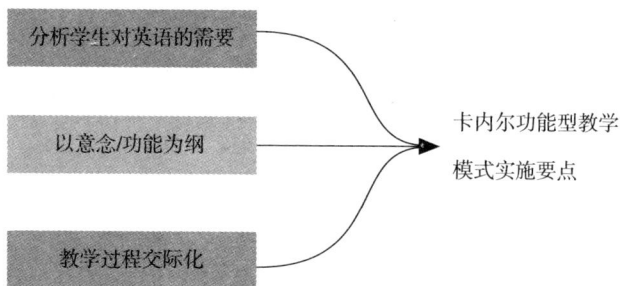

图 4-7　卡内尔功能型教学模式实施要点

1.分析学生对英语的需要

分析学生对英语的需要是制定教学大纲的前提，只有分析学生对英语的需要，才能明确学生在学习上需要掌握怎样的语言功能和语言形式，才能知道学生需要什么样的文体。也正是因为了解学生对英语的需要对于功能型教学非常重要，"需要分析"已经成为一个独立的研究课题。

2.以意念 / 功能为纲

交际法认为要想使学生真正具备交际能力，仅仅根据情境或语法使用来开展教学是远远不够的，必须考虑学生的特殊需要。在交际法刚刚形成时，其主张通过将学生要表达的内容作为意念来确定教学内容，这里的意念是一种线索，这种以意念为线索形成的大纲叫作意念大纲，也被称为功能大纲。对于交际法而言，其核心思想就是以意念 / 功能为纲的思想。通常人们将交际法的教学大纲分为三个层面，即交际活动、语言功能和语言形式。

3.教学过程交际化

一个完整的教学体系既包括教学大纲的制定、教材的编写，同时还包括教学活动的实施以及教学评价等。培养学生的交际能力需要在教学活动实施中完成，实际上，教学过程也是一个交际化的过程，这也是交际法的重要组成部分。教学过程交际化在很多方面都有所体现，下面进行具体列举：

第一，以话语为教学基本单位，在选择语言材料时应当保证语言材料的真实性和自然性，以便学生更容易听懂和领悟。

第二，以学生为中心，在教学活动中，教师应当将学生放在主体地位，教师自身做教学活动的组织者和引导者，通过组织学生参与各种活动促使学生习得外语，掌握知识。

第三，教学活动以内容为中心。教学内容应当多样化，并且在教学过程中要使用多种教学形式开展教学，如情景模拟、信息转换、角色扮演。

第四，对学生的语言错误要及时纠正。在教学过程中，如果发现学生出现了语言错误，应当及时予以纠正。需要注意的是，及时纠正并不代表要频繁打断学生连续的语言表达活动，可以在学生语言表达结束后及时指出错误，并告诉其正确的语言应用。

通过以上三点分析可以发现，交际教学的核心就是关注学生的需求，教学的开展是以学生需求为出发点的，教学大纲的制定也是以学生需求为依据的。同时，在教学过程中所使用的教学资料应当尽可能真实，教师可以将英文电影和电视片段引入教学中，也可以将人际交往中常用的语言带入课堂中，引导学生应用这些常用语进行对话等。

（三）王才仁功能型英语教学模式

通过对国外功能型英语教学模式进行研究，学者王才仁结合我国英语教学的实际情况，提出了一个适合我国英语教学的综合模式，即英语教学交际模式。王才仁认为，在英语教学交际模式下，整个教学过程都应当被看作交际过程，在这个过程中，教师与学生在不断进行着各种各样的交际。

王才仁功能型教学模式的核心环节主要包括以下几点：

第一，在教学活动中，教师与学生都是教学的"主体"，二者之间的不断交际构成了教学的整个过程。

第二，教学大纲的制定以及教学活动的实施受到社会环境的影响，并且社会环境对教师的教学起到一定的制约作用。

第三，教学大纲是由国家制定的，一经制定，学校不能私自对其进行修改，其是教师施教的依据。同时，科学的、良好的教学大纲对教材的编写以及使用具有一定的指导意义。

第四，在进行教材编写时，应当综合融入听、说、读、写等内容，这些内容是教学信息的源泉。

第五，在教学过程中应当向学生渗透三方面的信息，即语言信息、语用信息以及文化信息。

第六，教学过程中要对信息进行加工，主要有外部加工和内部加工两种，其中外部加工指的是课堂活动，内部加工指的是大脑内的活动，在教与学的过程中，外部加工与内部加工是相互作用、相互促进的关系。

第七，在教学过程中要对信息进行输出，输出主要是学生运用英语的能力。教师通过学生的输出，能够及时了解自己的教学效果，发现教学中存在的问题，从而对教学做出适当的调整与修改。

在王才仁看来，此模式的实质也是交际，并且交际是在教学过程中体现的。例如，在教学活动中，教师与学生二者的主体作用是通过活动来体现的；信息的输入与输出也是通过活动实现的。由此可以看出，在英语教学中，活动非常重要，其对更新教学观念、促进英语教学发展具有重要作用。

除此之外，在应用王才仁功能型英语教学模式时，需要遵循以下四个原则（图4-8）。

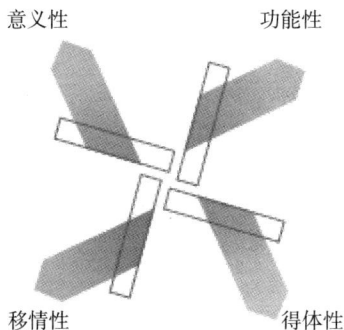

图4-8 王才仁功能型教学模式应用原则

第一，意义性原则，指教学活动应当是有意义的，能够提高教学质量、促进教学发展的。

第二，功能性原则，指教学应当能够指导和促进教学的良性发展，强调教学要关注学生的个体需要，要根据学生表达意义的要求来确定学习内容。

第三，得体性原则，指在教学活动中，针对不同的学生，在不同的教学环境下，要选择不同的表达方式。

第四，移情性原则，指在表达时要考虑目标语国家的文化风俗习惯。

三、任务型英语教学模式

(一)任务型英语教学模式概述

任务型教学模式的核心就是任务,指的是教师在开展教学活动时,利用一定的引导语言来使学生完成任务。该教学模式强调"在做中学",其属于交际法教学的发展。该教学模式的核心思想是要模拟人们在社会学校生活中运用语言所从事的各类活动,把语言与学习者在日常生活中的语言应用结合起来。

对于英语教学来说,应用任务型教学模式能够有效培养学生运用语言的能力。在实际应用过程中,该模式需要以学生为主体,并引导学生积极参与实践,积极进行互动与合作学习。学生在参与活动的过程中能够认识语言、运用语言,能够发现问题并找到解决问题的方法,从而掌握讲英语、用英语的技巧。

(二)任务型教学模式的特点

任务型教学模式作为一种先进的教学理念,其在以下六个方面具有一定的特点(图4-9)。

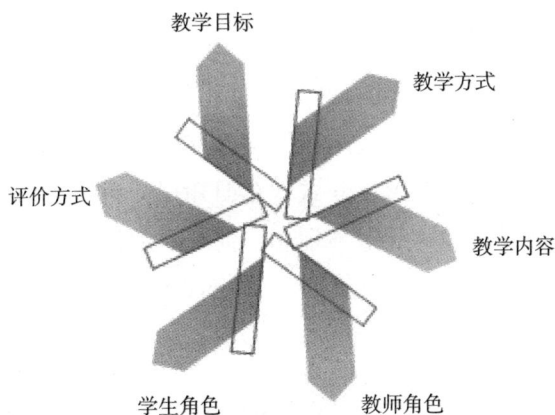

图4-9 任务型教学模式六大方面

1. 教学目标

在教学目标方面，教学除了要使学生进行语言知识的学习外，还应当将提高学生语言运用能力以及培养学生情感态度作为教学目标。在实际教学中，由于任务型教学模式需要在一个个情境中完成，因此该模式需要非常强地对语言的运用能力，同时，学生在完成任务的过程中，常常需要小组合作完成，因此还应当培养学生的合作意识。

2. 教学方式

任务型教学模式强调教学的开放性和参与性，即引导学生积极参与到教学活动中去，鼓励学生与同组学生合作完成任务。因此，在使用该模式开展英语教学活动时，教师需要针对不同的教学内容设置不同类型的任务，如表演、采访等。多样化的教学方式能够充分调动学生学习积极性，促使学生更快更好地融入教学情境中，从而提高教学效率。

3. 教学内容

教学内容应当真实、有意义。对于英语教学来说，在应用任务型教学模式时所选的教学内容应尽可能取材于日常生活，引起学生共鸣，从而使学生在轻松的氛围中习得英语知识。

4. 教师角色

在任务型教学模式下，教师扮演的是组织者与引导者的角色，是任务的设计者和实施者。这就要求教师在教学过程中要学会引导学生针对问题积极思考，帮助学生理解新知识，并做好新旧知识的衔接。只有将课堂交给学生，才能真正贯彻以人文本的教学理念，促进学生的全面发展，进而提高教学效率。

5. 学生角色

在任务型教学模式下，学生是课堂的主体，学生为教学活动的中心。在教师的组织与引导下，学生充分参与课堂活动，学习新知识，运用新知识。学生从传统教学模式下的被动接受知识转变为主动探索与获取知识，学生成为自我行为的监控者。

6. 评价方式

任务型教学模式强调教学评价既要对教学结果进行评价，又要对教学过程中学生的表现进行评价。教师需要将教学目标细分为多个子目标，通过不断完成一个个子目标的情况来对学生实施评价，由此一来就将学生所学的知识和学习过程有效结合了起来，并在最后进行综合性评价。

（三）任务型英语教学模式的实施原则

应用任务型英语教学模式时要想保证教学效果，就必须遵循一定的教学原则，主要包括以下几个原则（图 4-10）。

图 4-10　任务型教学模式教学原则

1. 语言、情境真实性原则

一方面，英语教学的语言材料应当是真实的，最好是生活中常见的。另一方面，在进行教学任务的制定时，要结合教学的实际情况以及现实生活的需要进行，要为学生创设自然真实的情境，使其能够在真实的语境中感受语言、使用语言。

但是需要注意的是，如果将有些非真实的材料应用在某项活动中能够促进学生语言能力的提高，那么这些材料也可以使用。总之，只要对促进学生英语学习有帮助，并且这些材料是科学的、正确的，那么就可以使用。

2. 阶梯性任务链原则

任务的设计应当具有一定的阶梯性，即任务的难度应该由简单到复杂，最初的任务到最后的任务应当存在一定的关联性，并且任务是层层推进的，确保这些任务构成一条完整的任务链。每个学生之间都存在一定的个体差异，这些学生接受学习的能力不一，应用任务型教学模式遵循阶梯性任务链的原则能够有效满足不同层次学生的需要，使他们能够找到适合自己的任务，从而确保每个学生都能在学习英语的过程中获得成就感，从而保持学习的积极性。

除此之外，在对学生进行语言技能训练时，需要先输入语言材料，保证学生有扎实的知识基础，然后再输出经过逻辑思维加工的结论，从而保证得出的结论的准确性。对于英语教学来说，保持阶梯性就是要遵循先听、读，后说、写的教学顺序。

3. 在做中学原则

学生在完成教师布置的任务的过程中能够进一步内化语言知识，获得成就感。单纯依靠听讲是不能完全理解和消化知识的，学生需要自己动手动脑，积极主动进行探索和研究，在做中学到新知识，并将其内化到已有的知识体系中。

4. 脚手架原则

脚手架原则最早是由美国教育家布鲁纳从建筑行业借用的一个专业术语，在教学中，可以把教学方法看作一个"脚手架"。教师需要给予学生足够的人文关怀，要在教学活动中适当鼓励学生，给予肯定，使学生获得安全感和成就感，从而促使其勇敢完成任务。

5. 可操作性原则

教师设计的任务应当具有可操作性，同时需要注意避免设计环节过多、程序过于复杂的任务。这就要求教师必须在课前对课堂的教学内容做充分分析，围绕教学内容设置特定的交际目的和语言环境，使之在课堂教学活动中易操作，学生也易于在完成任务的过程中习得知识。

（四）任务型英语教学模式的策略

1. 创设情境，营造自由与和谐的学习氛围

轻松愉悦的学习氛围往往更容易激发学生的求知欲望，有利于提高学生的记忆力，促进教学工作的开展，因此，采用任务型英语教学模式时应当为学生创设愉快的情感体验和和谐的学习环境。设计的问题应当能够引导学生树立想学什么、要学什么的动机。同时，教师在学生完成任务的过程中应做适当的引导与指导，给予一定的建议，鼓励学生大胆尝试，拉近与学生之间的距离，走进学生的内心，触摸学生的思想感情。学生在这样轻松自由的情境下完成任务，能够产生积极的学习效果。

2. 组织学生小组合作，激发学生的创新动力

小组合作学习就是以合作学习小组为基本形式，系统利用教学中动态因素之间的互动来促进学生的学习。在教学活动中，教师应当结合教学目标与教学材料布置适合小组合作完成的任务，让学生在小组合作中学习他人的思维与能力，在合作中大胆创新，培养学生的团队意识和竞争意识。在英语课堂中，教师应尽可能调动学生的嘴巴、手和脑子，让他们在小组合作中积极交流、积极动手与动脑，激发学生的潜能，形成师生、生生相互影响、相互促进的教学局面。

3. 开展全面的教学评价

教学评价是对教学活动现实的或者潜在的价值做出判断的过程，于英语教学而言，开展教学评价实际上就是研究教师的教和学生的学的价值的过程。在应用型英语教学模式下，进行教学评价能够对教师的教学效果进行有效反馈，有利于教师找到教学的不足，从而调整教学方案。同时，通过教学评价还可以对学生的学习起到监督与强化的作用，这是因为任务型教学活动必须有一个结果，教师要对这个结果进行定性与定量的综合评价，这种评价能够使学生产生一种完成任务的成就感，有利于进一步激发学生的学习动机，提高学生的学习积极性。

四、整体型英语教学模式

（一）整体型英语教学模式概述

整体型英语教学模式也称全语教学模式，该模式认为语言具有整体性特征，其不能被分割成听、说、读、写等技能。将该理论应用到语句中则可以理解为，一段话中，词、短语和句子就像一件东西的零部件，每个零部件都有它独自的特性，但是这些零部件组合在一起，其整体意义通常是超过每个部分加起来的总和。

整体型英语教学模式认为语言教学应当综合考虑学生生活的多个方面，教学应当尽可能满足学生的需要，包括习得知识的需要以及现实生活中交际用语的需要，使教学充分发挥价值，帮助学生解决生活中的现实问题。

整体型英语教学模式可以使课堂教学的主题从多个角度多层次地出现，有利于强化学生的记忆，能够促使学生将旧知识与新知识结合起来，从而在大脑中构建出新的知识框架，提高学生英语学习的效率。

学者王才仁认为"整体语言法"指的是将学语言和学习其他文化课结合起来，通过多科学习、综合学习来推进学生的发展，使其既可以学习语言，又能够掌握更多的知识，语言学习与其他学习互促互动。在他看来，每个学科之间都是有关联的，一个人如果汉语水平有限，那么他在学习英语时也很难有突出的成就，很难在英语交际中有卓越的表现。

（二）整体型英语教学模式的意义

整体型英语教学模式认为语言是一个整体，知识学习也是一个整体，因此，学生在日常生活和学习中也应当对自身的行为进行调整。与传统教学相比，整体型英语教学模式的开放性更强，教学活动不再是由教师决定地从部分到整体这一学习顺序，而是主张学生积极参与并遵循内容从整体到部分的教学过程。对于英语教师来说，在进行整体型教学时需要注意四点内容：第一，教师需要采用一定的手段启发学生，使其先看到整体，然后再逐步掌握教学内容；第二，每一模块的学习都应当是有效的，要避免和杜绝无效的机械操练；第三，对于学生难理解的部分，可以先用母语解释清楚，然后再用英语进行师生间的交流和互动，加强日常交际活动的联系；第四，教师要同时重视口语和书面语的教学，以便学生能够更透彻地理解和掌握教学内容。

（三）整体型英语教学模式应用策略

1. 旧纳入新，融新于旧，更新认知结构

在英语教学时，教师如果不注重新旧知识的联系，很可能导致学生对知识的掌握不够系统化，因此，在应用整体型英语教学模式中应当加强对新旧知识融合的重视，引导学生将旧知识纳入新的知识结构中。该思想从心理学的角度可以理解为，教学要充分发挥同化和顺化作用，要使学生从整体上建立新的认知结构。

2. 由点到面，点面结合，完善认知结构

零碎的知识自然不是一个整体，也就无法发挥整体性功能。于学生而言，学习知识是一个循序渐进、逐渐积累的过程，自身掌握的知识是由无到有、由少到多的，换句话说就是由点到面的，通过不断对知识结构进行完善，最终形成系统的知识结构。在英语教材中，各种知识的出现也是呈序列化特征的，因此教师可以利用"纲要图示"原理，采取勾画知识树或绘制图表等形式使每一点知识在特定的组织下形成知识系统，从而达到学生既见树木、又见森林的效果。

3. 融读于写，以写助读，促进读写结合

要提高学生英语综合能力，单独强化阅读教学或读写教学是远远不够的，阅读教学和写作教学应当同步进行，融读于写，同时在阅读教学中渗透作文教学，促使学生更好地理解语言并进行语言表达。

五、认知型英语教学模式

关于认知语境的定义目前还没有统一的说法，但是从英语教学的角度来看，本书认为认知语境指的是话语的上下文、现实情境、文化背景被人们以体验或经验的方式所感受到的，通过信息加工和心理构造而储存在头脑中的

组合体。在生活中，当交际出现时，认知语境就会在大脑中激活，其会自动转化为现实中的语境，人们将其称作即时语境，由此一来可以使交际更加通畅，能够更好地实现信息的传递与接收。

认知语境下的英语教学提倡发挥学生的智力作用，强调学生要掌握语言规则，该教学模式对学生在学习中的情感因素关注度不大。该教学模式对应着多种教学方法，最典型的主要有以下几种（图4-11）。

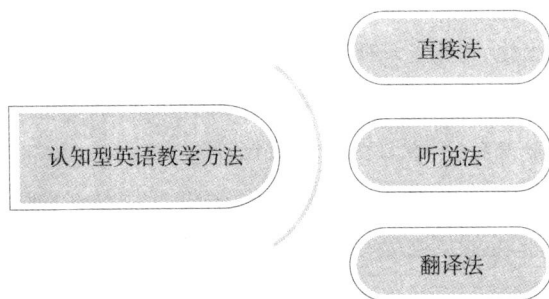

图 4-11　认知型英语教学方法

（一）直接法

直接法最早是在19世纪末20世纪初出现的，该教学法的诞生使得欧洲地区的经济得到了快速发展，也加快了国际交往的步伐与频率，世界各国对外语人才的需求量显著增加。直接法的出现让人们进一步认识到了外语人才口头表达能力的重要性，在当时，很多教育家和语言学家都强调了口语和语音训练的重要性，并在很大程度上促进了外语教学的发展与改革。在不断发展的过程中，直接法受到越来越多人的推崇，在20世纪初，该方法在国际外语教学中广为流传。

直接法非常重视口语训练，在传授语法规则时主要使用演绎法，对于特别难懂的语法、句式，则用母语进行解释。在教学内容上，直接法更关注语言的句法结构，其主张通过句型来开展教学，最常用的手段是模仿，由此可以看出，直接法教学建立在语言结构基础之上。

通过以上分析可以归纳出直接法教学应当遵循的五大原则，即直接联系原则、句本位原则、模仿为主原则、用归纳法教语法原则以及以口语为基础原则。

（二）听说法

听说法教学相对于直接法教学来说发展更为成熟，其内涵也更加丰富。该方法主要指通过多次强调和联系，使学生的听说能力得到显著提升。听说法具有四大特点：口语第一，听说领先；变换操练；严格控制，养成语言习惯；限制使用本族语。听说法强调句型的重要性，并主张在教学过程中要加强操练。

在英语教学过程中，使用听说法教学可以为学生提供一个良好的语言环境，学生在这样的环境中能够保持轻松愉悦的心情，能够有效激发学生参与口语交流的积极性，培养学生养成良好的学习习惯。在使用听说法时通常需要按照以下步骤进行：认知、模仿、重复、变换、选择。

常见的听说法教学主要有两种模式，一种是 PWP 模式，另一种是 3P 模式。

PWP 模式指的是 pre-listening，while-listening，post-listening。在听前，教师需要将播放资料提前准备好，并设置好需要提问的问题，做好背景知识的导入，并根据听力的难易程度整合教材中的听力题目，设置好听力材料的顺序。在听时要逐段播放听力材料，每一小段对话播放完毕，应当停留短暂的时间让学生思考。如果听力材料有一定的难度，则可以进行多次播放。听力播放结束后，教师要鼓励学生积极模仿听力中的语句进行听说练习和听写练习。

3P 模式即 Presentation-Practice-Production。首先，教师需要通过解释、举例、角色扮演等方式向学生介绍新的语言项目，让学生了解本节课堂的教学内容。其次，教师应当给予学生机会，让学生运用所学的知识进行课堂练习，这个过程应当把握节奏，教师对学生从控制到半控制状态，逐步增加学生的自主性。最后，教师鼓励学生积极运用学习语言进行交际。

（三）翻译法

翻译法的形成和发展都与语言认知有着直接关系，翻译法从诞生以来对英语教学产生了很大的影响。在翻译法中，影响力最大的是语法翻译法，下面进行详细论述。

1. 产生背景

语法翻译法（Grammar-translation Teaching Method）也称翻译法，形成于 18 世纪末期至 19 世纪中期，起源于欧洲的一些教授外语课程的学校。语法翻译法注重教授外语词汇和语法，以培养学生的阅读和写作能力为主要目的，语法翻译法的这一特点与当时人们学习外语的目的有着密切的联系。在 18 世纪和 19 世纪，人们学习外语的目的是希望能够阅读希腊语和拉丁语的书籍，同时他们需要使用这两种语言文字撰写书籍、创立学说和理论。在语法翻译法中，教师具有专业性和权威性，是外语知识的传授者和教学活动的组织者、实施者，学生在这一过程中处于比较被动的地位，只能被动地接收教师的教学内容。

2. 主要特点

语法翻译法具有鲜明的教学特点，如图 4-12 所示，可分为以下四点：

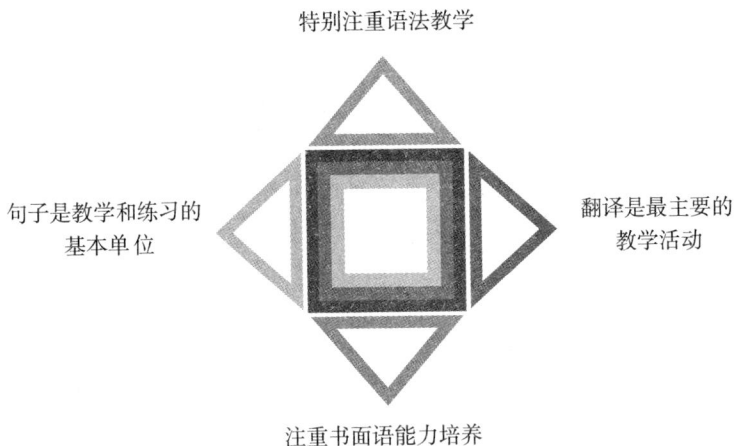

特别注重语法教学

句子是教学和练习的
基本单位

翻译是最主要的
教学活动

注重书面语能力培养

图 4-12　语法翻译法的教学特点

（1）特别注重语法教学。语法翻译法最突出的特点就是重视语法教学，这一点体现在语法翻译法的各个方面。首先，在语法翻译法中，语法被当作语言的核心内容，其也是外语教学的主要内容，外语教学的中心任务就是教导学生如何正确地使用语法。其次，教材也是参照语法体系的内在结构进行编排的，其中不仅有对语法内容的详细介绍，还有大量的翻译、阅读等语法项目的练习。最后，对外语教师教学成果的评价标准也集中在学生对语法的掌握程度。

（2）翻译是最主要的教学活动。语法翻译法的另一显著特点就是翻译是主要的教学活动形式。在具体的教学实践中，教师使用学生的母语开展教学，向学生传授翻译知识。学生除了在教师的引导下识记词汇、短语、进行阅读之外，还要通过母语与外语之间的相互翻译来练习掌握的语言知识和规则。教材中的每个语法点都配有相关的翻译练习。

（3）注重书面语能力培养。基于当时的社会发展背景和学生的学习需求，语法翻译法特别将外语教学中的口语教学和书面语教学分开进行，其中口语教学只教学生掌握字母和单词的正确读音，只占整体教学内容的一小部分；相比之下，由于语法翻译法的首要教学目标是培养学生的阅读能力和写作能力，因而书面语教学占整体教学内容的一大部分。但这种将口语与书面语分开教学的方法有助于教学活动的设计与开展。

（4）句子是教学和练习的基本单位。为了减轻学习者的理解压力，适应学习者的接受能力，语法翻译法改变了传统希腊文和拉丁文教学中选用复杂难懂的语段进行教学的方法，用更容易被学习者理解的句子作为教学和练习的基本单位。

3. 具体应用

通常情况下，使用语法翻译法开展课堂教学的具体操作是教师先用母语翻译并叙述整篇文章的大致意思，然后对文章中涉及的语法规则进行详细的分析和讲解，随后引导学生通过多次阅读加深对文章的理解。具体而言，以某一篇文章的讲授为例，语法翻译法的课堂设计可分为以下几个步骤。

首先，教师会先用学习者的母语介绍一下这篇文章的创作背景以及文章作者的相关信息，借此引出要讲的文章，并介绍文章的大意，使学习者对要学习的内容有一个大致的了解。

其次，教师会带领学生学习单词表里的单词，通过领读或跟读的方式帮助学生掌握单词的正确发音，通过简单的解释或造句练习帮助学生理解单词的含义和应用。

再次，教师会带领学生一起阅读文章、翻译文章。通常教师会从文章的第一段开始一句话接一句话地朗读并翻译，在这一过程中，教师会使用学习者的母语介绍短语和句子的意义。针对短语和句子中存在的语法现象，教师会详细地讲解其中蕴含的语法规则，并举例说明其具体用法。

最后，在上述讲解教学工作完成后，教师还会要求学生直接朗读文章并做一些阅读理解方面的练习，确保学生已经掌握了这篇文章的中心思想。阅读理解类的题型以选择题居多，也有部分问答题。在这堂课结束后，教师还可以根据本堂课所学内容为学生布置一些翻译类的作业，以使学生巩固所学知识。

4.优缺点

（1）语法翻译法作为历史上存在时间最长的外语教学法，在之前外语教学条件差、外语教师的工作压力大的教学情况下曾发挥了巨大的作用。语法翻译法的优点具体表现在以下几个方面：

对目的语词汇和语法知识的系统传授能帮助学生打好外语学习的基础；通过分析书面语的构成和表达方式，能帮助学生深入理解和掌握目的语；有助于学习者内化目的语结构，提高他们的正确表达能力；有助于学生辨别自己对目的语做出的有意识或无意识的假设，对比目的语与母语的异同；不需要太多教具和其他教学条件，只要有教材就能上课；教学流程易于操作，教师的教学压力减轻；教学目标清晰，便于对学生的统一管理和测试。

语法翻译教学法建立在人们对语言传统认知的基础上，因此在实际的教学和应用过程中，不可避免地会有一些缺陷存在：

过分重视翻译教学，只通过翻译的手段传授外语知识，这样的方式会造成学生在使用外语时依赖母语表达的思维和翻译的习惯，不利于培养学生地道的英语表达习惯；过分注重语法规则的掌握和使用，忽视了语音和语调的教学，背离了语言学习用于表达和交流的初衷，阻碍了学生口语能力的发展和提升；教师在教学过程中的主导性太强，学生的主体性被忽视，不利于培养学生学习语言的积极性和主动性教学方式以教师的讲解为主，强调死记硬背、师生互动、生生互动不足，不利于发挥学生的主观能动性，培养学生的语言表达能力；忽视了文化因素、语言在交际中的使用在语言教学中的重要性。

第五章　构式语法理论及其在英语教学中的应用

第一节　构式语法的概念与内涵

一、构式语法的概念解析

构式语法理论的建立主要受到两个方面因素的影响。一是 20 世纪 50 年代以来，生成语法一直把句法当作主要研究对象，其他两项有关语义和音系的研究并不受重视，随后陆续有不少语言学家开始投身于语义和语用方面的研究，这种现象和趋势动摇了生成语法的绝对中心地位。二是语言学家在研究习语的内涵与应用时，发现生成语法理论无法解释异质句法结构的意义问题，遂提出了构式理论。此后，哥德堡（Goldberg）通过介绍自己对元结构的研究，系统地发展了该理论。

广义上的构式语法理论主要包括以下四种理论：保罗·凯（Paul Kay）和查尔斯·菲尔默（Charles Fillmore）的伯克利构式语法、莱考夫和哥德堡的构式语法、兰盖克的认知语法和威廉·克罗夫（William Croft）的激进式构式语法。本书主要论述哥德堡的狭义构式语法理论，主要包括哥德堡构式理论相关部分和词块—构式理论的部分内容，希望读者能理解并掌握这部分内容。

哥德堡曾在 20 世纪 90 年代给出了构式的经典定义，即 C 是一个构式，当且仅当 C 是一个形式—意义的配对 <Fi, Si>，且 C 的形式（Fi）或意义（Si）

的某些方面不能从 C 的构成成分或其他先前已有的构式中得到完全猜测。也就是说，不可测性是判断构式的必要条件。

21 世纪，哥德堡的构式语法定义又得到了发展：

任何语言结构，只要形式或功能的某些方面不能严格从构成成分或其他的构式中预测出来，就可被视为构式。除此之外，只要出现的频率足够高，那些能够被完全预测出来的语言结构也可作为构式储存于记忆中。

在这个新的定义中，哥德堡一方面将构式语法的研究范围扩大到包括语素、单词、短语等多层次的语言结构中，另一方面又强调不可预测性将不再被视作判断一个语言结构是否为构式的重要条件。

除此之外，哥德堡还突破了构式研究的静态观，强调构式应是以开展交际活动为目的的规约化形式，即要实现语言意义与功能的配对，除了动词要与构式保持互动关系之外，构式与构式之间也能组成一个互动的、有承继关系的网络，这主要需要遵循以下四个方面的原则。

第一，最大理据性原则。如果一个构式的结构是从语言中的其他构式承继的，则该构式的存在具有理据性，且这种理据性是最大化的。

第二，无同义原则。无同义原则主要可分为以下两种情况。首先，如果两个构式在句法上不同但表达的是相同的含义，那么它们在语言中的使用方法肯定不同；其次，如果两个构式在句法上不同，但是在语言中的使用方法相同，那么它们表达的含义肯定不同。

第三，表达能力最大化原则。为了达到交际目的，构式的数量是最大化的。

第四，最大经济性原则。为方便表达和理解，尽量不增加过多不同类型的构式。

二、构式语法的特征与原则

构式语法理论还在不断地发展与完善中，经过归纳和总结，可以把当前的构式语法理论归纳为六条基本特征和原则。

（一）复合性

构式语法认为语言构式是由语音、语义和句法三种语言要素组成的有机整体。这一整体内包含的各种语法知识不再被分割为独立的个体，而是以构式的形式统一表征。构式的复合性突出表现为形式与意义的结合，形式表现在词汇的形态、短语或句子组合的方法等层面，意义分布于词语含义、短语使用方法和话语功能等方面。

（二）语义语用融合观

构式语法理论认为，构式意义既包括基础的语义信息，也包括焦点、话题、讲话风格等语用意义。构式的形式功能包括话语功能、交际功能等功能。在分析和理解构式的过程中，要注意微妙的语义因素和语用因素起到的影响和制约作用。

（三）表层概念假设

表层概念假设提倡语言的单层观和使用观。该假设认为语言的表层论元结构包含了影响语言表达的句法和语义两项内容，语言的表层论元结构之下不存在更深层次的结构，因此，该结构对语言系统的划分比生成语法下派生结构对语言系统的划分更具广泛性。表层概念假设由以下四个假设组成（图5-1）。

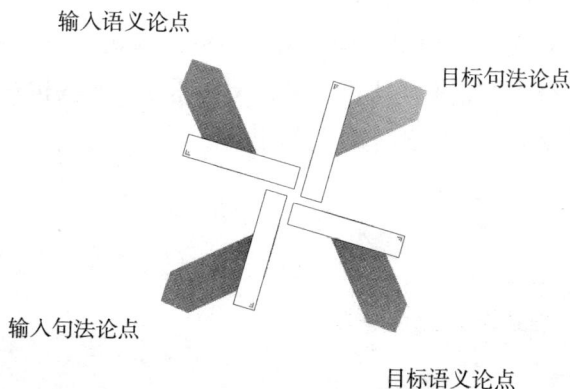

图 5-1 表层概念假设的组成部分

（四）能产性

构式是人们在体验世界的过程中建立起来的描述各种事物和事件的言语框架，这种抽象的框架在实际表达中有极高的使用率，只要填充新的内容，就能形成一个新的表达。因此，人们利用既定的构式和相关言语内容，就能实现构式的能产性和认知的经济性。一些新发明出来的非典型性用法，经过不断地传播和使用，也能转变为典型性用法，发挥言语表达的作用。

（五）心理现实性

构式语法理论提出了"情景编码假设"，该假设的主要内容是，与基本句子类型对应的构式把与人类体验有关的事件类型当作语言表达的中心意义进行编码工作，也就是说，语言结构是对个体认知经验的描写临摹，能反映个体的认知习惯和认知风格，进而反映人的心理状态和交际状态。

（六）微观构式网络与宏观构式网络

微观构式网络指某一构式是包含各类构式义的网络。所谓各类构式义是指构式具有多义性特征，一个构式具有多个构式义，这些构式义有些是中心义，有些是扩展义。

宏观构式网络指语法系统是构式网络的网络。构式网络的上层是各类含义模糊的图式构式，图式构式具有激活下层含义更具体构式的作用。这些含义更具体的构式叫作下层继承构式。继承构式通过上层构式的含义延伸形成实例，由原型构式义扩展到引申构式义。当然，构式网络的分布并不均匀，有些构式网络层级丰富，家族成员众多，关系紧密；有些构式网络层级较为单一，家族成员较少，成员之间缺乏共同联系。

第二节 构式语法理论的评价

一、构式语法理论的进步性

（一）印证了认知语言学的基本原则

认知语言学的一个基本原则就是语法形式和语言意义之间的关系是一一映射的关系，也就是说，不同的语法形式一定具有不同的语言含义。与之类似的是，构式语法提出在不同的表层形式之间，一定存在着语义或者语篇方面的差异。

构式语法认为，既然不同的语言结构具有不同的语义值，那么语言结构与意义之间的关系就不是纯粹的形式推演。从这个角度分析转换生成语法，就会发现转换生成语法理论的两个不足之处：一个是不能合理解释两种具有派生关系的句式为何表达出不同的语义值；二是在区分哪一个是基础形式、哪一个是派生形式的问题上不够严谨，具有随意性。

（二）研究对象明确且具体

与认知语法理论相比。认知语法理论认为语义和语法形式关系密切，讲话者想要表达的语义在很大程度上决定了讲话者使用的语法结构，也就是说，认知语法理论过分强调语义在语法研究和使用中的作用，这使得原来以语法为研究重点的认知语法理论变成了语义研究的主场，语法研究和语义研究杂糅在一起，语法理论没有了明确的研究对象。相反，构式语法的研究对象和研究手段都十分明确，研究对象就是语法结构，研究内容就是分析语法结构的语义值，由于语义值限制在具有稳定形式的语法意义上，因而构式语法能把对语法结构和意义的讨论都置于可控范围内。

103

（三）研究方法更加科学和准确

构式语法使用直观的、经验主义的研究方法研究语言现象，主张根据大量语言经验归纳语法结构，概括语义值。这样的研究方法建立在直观、可靠的经验事实之上，以事实为依据，提高了研究的客观性和准确性。由于相信经验的直观性，构式语法认为语法形式就是体现在语言描述或对话表面的形式，不存在隐含形式，也不承认零形式的存在。而乔姆斯基的生成语法理论则认为，语法表层形式背后还有各种隐含形式，甚至还存在着各种零形式。然而这些只是乔姆斯基的设想，是没有实验能证明的假设，因此，乔姆斯基学派的研究方法更加随意，虽然这种方法得出的结论丰富了他的理论，但也相应地降低了研究的客观性和准确性。

（四）丰富了对语言结构类型的研究

乔姆斯基学派的研究者将语法视作一个演绎系统，认为只凭借几条主要的规则就能推演出无数符合语法的句子，就能满足人们的表达需求。各种语言中使用频率最高的语言结构是他们关注的重点，他们认为这些结构是语言的核心，其他使用频率较低的语言结构是语言的边缘组织，因此可以忽略不计。构式语法则认为，语言结构没有重要和次要之分，所有的语言结构都有其独特的理论价值和御用价值，都值得认真研究，比较少见的语言结构也是他们关注的重点对象。构式语法丰富了对语言结构类型的研究，在一定程度上弥补了形式学派研究上的空缺，促进了语言学研究的发展。

（五）把语法看作一个动态变化的过程

语法系统不是一个静止不变的系统，相反，语法系统一直处于动态变化的过程中，对于这一说法，构式语法理论也进行了验证。构式语法虽然不直接讨论语法的发展问题，但它的基本理论观点能够解释语法的发展特性以及语言的发展史。例如，构式语法在以下问题上的观点与语法的发展特性比较相容。

不同语法结构的能产性和适用性不同，有些语法结构可以搭配不同的词汇、短语、句型，最终能形成大量有效的语言表达内容；有些只能搭配个别词汇，只能形成有限的语言表达内容。

任何一个共时语法系统都是该语言长期发展的结果，在这个系统中总会存在一些发展成熟、使用频率高的语法结构，同时也会存在一些像"化石"一样不再被人们使用的语法规则，还会有刚形成不久的语法形式。

刚形成不久的语法形式基本上都具有较强的词汇限制性，而且使用条件有限，使用频率较低。

（六）成功解释了语言共性问题

乔姆斯基学派的研究者承认语言中存在语言共性，但是他们提出的"先天理论"认为人类有一种通过遗传得到的、先天存在的普遍语法，给语言的产生与发展找到了原因，但这种假设时至今日都没有找到生理基础，同时缺乏心理现实因素的支持，因而逐渐发展为一种不可知论。构式语法则认为，语言是一种开放的系统，人们可以通过观察各种语言事实以及增加现实体验来发现不同语言之间的相同之处和不同之处。根据语言观察可知，语言之外的一些因素是造成不同语言之间存在共性问题的重要影响因素，如交际功能、模仿功能、学习和理解方面的限制等。很多类型的语言中都存在双宾结构的原因就是物体传递是每个民族的人民都会进行的日常活动，这种日常活动应用到语言中就形成了双宾结构。

（七）成功解释了语法化的诱因

构式语法不仅能够解释新的语言结构的产生，还能够说明普通词汇向语法标记的发展过程。语法标记通常源自普通词汇，一个常见的语言现象是，普通词汇在变为语法标记后，其词性会产生本质的变化。构式语法的相关研究显示，词性的变化离不开语法化的结构，即一个语法标记的某些属性来自其语法化的结构。接下来以汉语判断词"是"的语法化过程来说明。

汉语中的判断词"是"具有动词属性，可以带宾语，可以用副词修饰；判断词"是"的动词属性是由其名词属性"这"发展而来的。"是"当指示代词"这"用时，可以回指前面的复杂结构，同时做所在句子的主语。例如，在古书《荀子·议兵》中，"是"被用在前后都是名词短语的结构中：

故善抚民者，是乃善用兵者。

在这个例子中，首先可以看到该句子的语法格式为"NP+ 是 +NP"，该语法格式属于动词常出现的句型格式。由于汉语是 SVO 型（Subject-Verb-Object）语言，主语成分和宾语成分经常用名词代替，因此动词常出现的句型格式是"NP+V+NP"。在动词常见的句型结构的影响下，"是"逐渐由名词属性变为动词属性。由此可见，语法结构是独立存在的，语法结构对用于其中或具有相关语法作用的词语产生影响，使它们产生了新的语法性质，具有了新的语法功能。早在先秦时期，"是"的语法化过程就完成了，"客人不知其是商军也"就是一个典型的判断词用例。

二、构式语法理论的局限性

构式语法理论有不少优点，也存在着不少局限性，接下来根据对该理论和语法性质的理解，讨论一下该理论存在的问题。

（一）概念定义不合理

普通语言学理论认为，构式必须是由至少两个元素组成的结构体，但构式语法理论则把这一概念扩展为，构式就是语言中任何意义和形式的结合体，这种说法把构式等同于普遍的语言单位，把简单的语素、词和复杂的语法结构无差别对待。这种扩展掩盖了本质上差异较大的两种语言现象，也不利于语言结构的分类研究。并且事实证明，目前构式语法理论成功应用的案例都是由至少两个词构成的语法结构，该理论还没有开展对单一元素构成的语素或者词的解读分析。

（二）理解过程太复杂

构式语法理论对构式定义的不合理扩展还带来了语言结构分析上的另一个问题，那就是结构分析过于烦琐，不利于被语言使用者理解。因为涉及的结构众多，人们难以理解复杂的结构如何相互作用表达句子最终的含义。

（三）适用结构类型有限

构式语法强调，结构有独立其构成成分的功能和意义。这一理论虽然表述简单，听上去也不复杂，但是真正实践起来就会遇到很多困难。只有那些适用范围和用例有限的结构，才比较容易概括出它们的结构意义。例如，哥德堡只讨论了英语中不是特别常见的四种结构意义：The caused-motion construction；The resultative construction；The way construction；The ditransitive construction.

越是常见的句式结构，越不容易概括出它的结构意义。如汉语和英语的基本句式都是 SVO，如何概括它的结构意义？如何确定它本来的结构意义？这个结构有哪些隐藏的结构意义？这是一个几乎不能解决的问题。正是因为人们要表达的语义关系是复杂多变的、难以捉摸的，而一个语言的语法结构又十分有限，所以在一种构式产生的初期，这种抽象的、发展不成熟的结构就要承担描述多种语义关系的任务。所以人们对很多使用频率很高的语法结构无法明确概括出其"独立的结构意义"。

（四）无法解释构式的跨语言差异

构式语法理论的另一局限性在于，构式语法理论没有很好地解答构式的意义是如何产生的这一问题，进而无法解释为何两种语言对应的语法结构具有不同表达功能的问题。2003 年，学者徐盛桓尝试从常规关系中发掘一个构式意义形成的理据。他认为，不同语言对应结构之间的差异与该语言的概念化方式有密切联系，结构中的词语决定着整个结构语法意义的形成。例如，英语和汉语中的双宾结构，英语的双宾结构是单向的，客体只能从主语向间接宾语移动，但汉语的双宾结构则是双向的，客体既可以从主语向间接宾语移动，也可以反向移动，这种差异与两种语言中表达物体传递的动作行为的不同概念有关。在英语中这类动词表示的行为方向十分明确，不同的方向会由不同的动词表示，但汉语这类动词的方向则是中性的，可以包含两个完全相反的动作行为。

第三节　构式语法理论在英语教学中的具体应用

一、构式语法理论在英语语法教学中的应用

（一）构式语法理论下的语法习得观

构式语法理论的提出不仅体现了认知语言学研究方法的转变，还对语言习得和语言教学起到理论方面与实践方面的指导作用。基于语言运用的构式语法认为构式是在语言使用的过程中被抽象概括出来的，即构式不是理论推导出来的，而是根据实际的语言经验概括出来的。对于语言学习者来说，他们在理解、内化和输出句子时，因为句子数量过于庞大，他们不可能记住所听到的所有句子，因此，为了理解并创造出新的表达方式，他们必须对所接触到的那些句子的句型、结构进行总结、分析和归纳。总而言之，语言学习者要想真正掌握一门语言，除了记录、了解已有的语言表达方式之外，还要学会将这些表达进行范畴化处理，将它们分门别类地归为不同典型或形态。

构式是所有二语习得者的学习对象和学习重点，学习者要学习第二语言，就要学习第二语言中不同层级、不同特点的构式。不同二语水平的学习者在学习构式知识时，关注的重点不同，把握的层次也不同。据相关研究，在中国学生学习英语、理解英语句子含义的过程中，学习者语言水平的差异会影响学习者对英语语言构式的理解和掌握。其中初学者更习惯依靠动词来理解句子含义，而更高级别的学习者会更倾向于依据论元结构来理解句子含义。与此同时，二语习得者对目的语构式的学习还会受到母语已有构式的影响，当母语构式与目的语构式相同或相似时，母语构式对目的语构式的学习产生正迁移；当目的语构式与母语构式差别较大时，母语构式对目的语构式的学习形成负迁移。正迁移促进二语习得者的语言学习，负迁移阻碍二语习得者对外语知识的掌握。例如，很多中国学生对英语双宾构式语法的错误理解就是受汉语构式理解的影响。

（二）构式语法理论指导语法教学的优势

1.体现构式语法的整体优势

与传统语法相比，构式语法从形式上突破了语法研究的局限性，改变了语法研究的方法，以构式为基本单位，结合语义、语境、语言组织形式三项基本要素，使语法研究成为一个不断变化的、有机整体，进而从三者结合的视角去理解构式的含义。需要注意的是，三者不是简单地相加，而是有机地融合，三项因素相互影响、共同作用，从而体现构式语法理论的特点和优势。

2.有利于更好地诠释抽象句型

如何解释抽象句型是所有语法教学工作需要解决的重要问题。在传统的语法教学工作开展过程中，教师采取的方法多是直接从词汇与句法方面对语法进行界定，但这种方法具有一定的局限性，有时无法阐释句子更深层次的内涵；构式语法在阐释抽象句型方面的优势在于它不仅重视分析句子的主要结构，还会分析谓语动词包含的丰富信息，并且从整体视角出发分析整个句型结构代表的意义。

3.句法意义与句法结构相映射

在传统的语法研究中，对句法的层次性结构区分比较明显，句法有深层次结构和浅层次结构之分，且每个层次内部存在轻重之分，传统的语法研究会更重视对使用频率较高的层次结构进行分析。构式语法则不同，构式语法会重视对每一种句法结构的研究，且不会分离句法结构和句法意义的研究。构式语法认为，句法结构和句法意义不是相互独立的，它们之间存在映射关系。因此，可以说，构式语法的研究方法更加客观、合理，有助于学习者理解语法现象。

（三）构式语法理论视域下语法教学的主要内容

要了解构式语法理论视域下语法教学的相关内容，首先要了解构式语法研究的主要内容。构式作为象征符号单位，由形式和意义结合而成，形式包括构式的语音、形态和句法部分内容；意义，也称规约意义，代表构式功能的规约部分，也包括三个方面的内容，分别是语义、语用和语篇功能。构式的形式和意义之间存在相互对应的关系，"象征对应连接链"将形式和意义连接在一起。

在以上研究内容的影响下，语法构式的具体教学内容也分为形式和内容两大部分。以图式构式 Predicative+Subject+Link verb 为例，首先，这一构式典型的意义为表示个人"惊讶"或"感叹"的情绪；其次，具体分析该构式的组成部分内容，包括该构式的呈现形式、各组成部分的功能形态、句法特征以及整体的特征和意义等。以感叹句式"What a beautiful cat!"为例展开分析。

该构式的形式，此处特指书面呈现形式，由四个英文单词和一个标点符号组成。

该构式中组成部分的形式和意义特征包括：

What——形容词性的感叹词，通常置于句首，引导整个句子，意思是"多么"；

a——冠词，表示种类，有数量"一"的概念；

beautiful——形容词作定语，描述被修饰成分 cat 的特征；

cat——名词作主语，表示动物的类别和名称；

该构式整体的形式和意义特征。

"What a beautiful cat!"这句话整体上的句型归属为省略句，其完整形式为"What a beautiful cat it is！"。

该构式整体的意义不是各组成部分的意义之和，也不能简单定义为句子的表面意义（句子的表面意义是"多么漂亮的一只猫"），而是要根据构式的语用特征和语篇功能特征判断其真正的含义。在不同的语境中，该构式可以表示惊讶，也可以表示赞美，甚至可以表示反讽（即这只猫并不漂亮）。由于缺乏特定的语境介绍，该构式的语篇功能特征尚不明确。

构式语法中的语音和语义是构式不能缺少的两个组成部分，其他组成部分，包括形态、句法、语用、语篇功能等，会因为构式自身原因或语境原因而丢失或者表述不清，即在缺乏语境的情况下，这些特征很难确定，因此在介绍语法构式时，最好给出一个具体的语境，只有这样才能尽可能地展现语法构式完整的形式和意义以及其中的各个组成部分、影响因素。

（四）构式语法理论视域下语法教学的主要方法

1.构建具体构式与图式构式连续体

构式语法是一个具有层级性的整体，它包括从抽象到具体、从一般到特殊的语法知识。根据不同的层级，构式又可分为两类，即具体构式与图式构式，二者构成一个有机的连续体。

图式构式属于语言层面的一种抽象概念，它体现了人们对客观世界的认知图式，是对词法和句法的抽象表达；具体构式则是人们在运用语言过程中体现出来的具体表达方式，是图式构式实现语义与形式结合的连续体。根据以上二者的定义可知，图式构式与具体构式不是一一对应的关系，大多数情况下二者是一对多的关系。构式语法视域下，构建起具体图式与图式构式的连续体。

那么，英语学习者的图式构式是如何形成的呢？这一问题没有一个标准的答案。问题的答案随着语言学流派的变化而变化。例如，转换生成语法流派认为，语言中的语法构式是天生的，学习者天生就有语言天赋，尤其是语法天赋，后天的教育并不能培养学习者的语言天赋，只是能激活学习者固有的语法天赋。

构式语法指出，学生天生就具备一定的认知能力，这种认知能力帮助他们在学习语言的过程中将观察到的词汇和语句进行分类、总结、抽象和概括；长此以往，大量的积累帮助学习者完成从具体构式习得到抽象构式习得的转变。

在传统的语法教学中，语法规则是教学工作的重点内容，因为学习者需要掌握正确的语言表达方式，尽量使自己的表述合乎规范。因此在语法教学中，教师十分注重对语法规则的讲解，学生则大多处于被动接收的状态，即在没有真正理解语法规则的基础上，通过死记硬背的方法记忆词法、句法，其最终效果就是学习者可能无法真正掌握语法，没有举一反三、灵活运用语法规则的能力。

构式语法则认为，开展语法教学应注意开展实例分析，应该增强学生对语法规则的感性认识，通过对语言事实进行总结和归纳，得出语法的一般规则。这种方法充分体现了从具体到一般、从实践到理论，并运用理论指导实践的哲学思想与认知规律。具体分析，在构式语法理论的指导下开展英语语法教学应该特别注意建立具体构式与图式构式之间的连续体，从具体构式的学习过渡到对图式构式的掌握，再根据图式构式的规则创造出具体构式。对于英语教师来说，具体的教学步骤是，首先列出一些能体现构式特征的典型句子，让学生通过观察和理解探究句子中蕴含的语法规则。其次鼓励学生将他们观察到的语法规则进行抽象概括，发现能普遍运用的方法以及规则适用的范围，即从具体的构式入手，形成图式构式。最后，当学生掌握了正确的图式构式之后，教师再鼓励学生充分发挥自己的创造力和语言能力，灵活地创造出相关例句，完成从具体构式到图式构式再到具体构式的持续性认知过程，提升学生思维能力、分析能力和实践应用能力。例如，在讲授英语虚拟语气语法知识时，教师可以先给出一些例句：

If you had got up early this morning, you wouldn't have come late to school.

If I had invented the electric lamp before Edison, I would have been the scientist.

If she had given me a hand, I wouldn't have fallen into the river.

这是一组条件关系复句，教师可以要求学生比较这组复句与之前学过复句存在的不同之处，掌握主句与从句之间在结构与形式上的一般特点，从而得出该组复句的图式构式：if+ 主语 +had+ 过去分词，主语 +should/would+have+ 动词过去时。

在这个基础上，结合句子出现的语用情境，理解每一个句子的含义，进而概括出复句表达的一般语义：

如果你今天早上早点起床的话，你上学就不会迟到了。

如果我在爱迪生之前发明电灯，我就会成为科学家。

如果当时她拉我一把，我就不会掉进河里。

也就是说，这个结构的一般语义是，如果曾经发生了什么，那么过去式现在就会出现与现实相反的结果。在掌握了句型特征和语义特征后，学生就成功掌握了虚拟语气语法的完整的图式结构。

2.遵循由容易到困难的构式认知规律

具体构式与图式构式不是一一对应关系，一个具体构式也许会源自若干个图式构式；根据这种关系，可以将图式构式看作母构式，具体构式看作子构式。一个具体构式会源自若干个不同的图式构式的意思是，作为子构式的具体构式往往会承继来自不同图式构式的语义与形式等信息，若干个不同图式构式在呈现特征时可能会出现的矛盾问题需要在子构式层面获得有效解决。

例如，双及物构式与特殊疑问构式。当双及物构式中的宾语充当特殊疑问句构式的主语成分时，就会造成移位认知冲突。双及物构式要求宾语应放在动词的后边，但特殊疑问句构式又要求疑问词必须放在句子开头。例如：

What did the old woman give to the young lady?

从这个例子中可以看到，特殊疑问句构式的要求优先于双及物构式的要求。除此之外，通常情况下，作为母构式的图式构式越丰富，作为子构式的具体构式就越复杂。

在日常的英语教学中，英语教师要根据构式的难易程度确定语法教学的内容，选择语法教学的方法。总体来说，要采用循序渐进的教学方法，从简单的、容易掌握的构式入手，再不断提升到复杂构式。例如，在英语教学中，肯定构式与否定构式相比，肯定构式比较简单，否定构式相对比较复杂，因此教师应该先进行肯定构式的教学，只有让学生掌握了肯定构式的结构和意义，才能理解否定构式的结构和用法。如果教师不能遵循这一认知规律和教学规律，不仅会增加自己教学的难度，也会增加学生掌握语法知识的难度。

3.认真比较汉语构式和英语构式异同

尽管人们对汉语在英语习得中发挥的作用有不同的看法，但汉语对英语习得的影响是不可否认的。对于是否要利用汉语干涉学习者的二语习得过程，当前主要有以下三种教学观点：第一，用汉语去教英语，即使用汉语讲授英语知识；第二，去汉语化教英语，即完全使用英语讲授、解释英语知识；第三，汉语与英语教学相结合。第一种观点强调汉语对英语习得的绝对化作用，第二种观点则想要完全回避汉语对二语习得的影响，显然这两种观点都没有正确看待汉语与英语习得之间的关系，存在认知偏激、理解错误的情况。只有第三种观点相对合理，既肯定了汉语对英语习得的影响，又重视英语语言本身的作用，因此，在英语语法教学中，教师要注意认真比较汉语构式和英语构式的异同。

除了上述原因之外，根据语言认知规律，汉语作为学生最先掌握的语言，其构式系统具有先入为主的优势，当汉语构式与第二语言构式相同或相似时，汉语构式能促进第二语言构式的理解和掌握，当汉语构式与第二语言构式相差较多，甚至完全不同时，汉语构式可能会对第二语言构式的学习造成阻碍。

出于这一原因，英语语法教学也应该注重进行汉语构式与英语构式的比较。

在比较汉语构式与英语构式的过程中，教师既要归纳两种构式之间的相同之处，又要寻找它们之间的差异。例如，在英语中表示名词的复数需要通过在名词后加"s"或改变词缀的方式，汉语中表示名词复数，则有很多种表达方法。例如，可以在人称代词后加上"们"，形成我们、你们、他们等词汇；也可以在名词前加上数词和量词，如两只狗，三朵花、五支铅笔等；还可以直接用一些用来表示群体意义的语素加上特定的成分表示复数，如观众群、读者群、朋友圈等。

母语为汉语的学生在学习英语的初期，如果弄不明白英语构式和汉语构式的差别，就可能会出现用汉语构式表达英语构式的语用现象。例如，在表达"明天见"这一话语意义时，学生会套用汉语构式用"Tomorrow see"来表达；在表达"我能坐这里吗"这句话时，套用汉语构式用"I can sit here？"来表达。在句法构式和短语构式中，这种现象都普遍存在。在英语语法教学中，教师要坚持构式比较的教学理念，对于英语构式和汉语构式中差异性较大的内容进行重点讲解、区分，并制订相应的联系计划，对于两种构式之间相同之处，也可进行简要归纳、介绍。通过相同构式的比较，促进母语与英语之间的相互影响。通过不同构式的比较，消除汉语对英语习得的不良影响。

二、构式语法理论在英语词汇教学中的应用

（一）构式语法理论视域下词汇教学的主要内容

构式语法理论认为，词汇也是构式，由于构式是形式和意义的匹配，因此英语词汇教学的主要内容，即词汇构式的主要内容，也分为形式和内容两大部分。具体分析，词汇构式的形式部分包括词汇的发音知识、拼写知识、音位知识、语体知识等；词汇构式的内容部分包括词汇的词义知识、词频知识、词语搭配知识、句法知识、使用策略知识等。在英语教学实践中，教师需要讲授的有关词汇构式的基本知识包括词汇的词性、词义、发音、拼写和变体知识，这些知识内容是词汇构式教学不可缺少的组成部分。以"dog"这一词汇构式为例：

dog 的词性包括名词、动词、副词，但主要用作名词。

dog 典型的构式义为"狗"。

dog 这一词汇构式的发音是 [dɒg]。

dog 这一词汇构式的拼写是 d—o—g。

dog 的复数构式为"noun+s"，即 dogs。

以上几点内容都是教师需要引导学生掌握的有关词汇构式的基本知识，但很显然这并不是关于该词汇构式的所有知识内容，dog 在实际的句法应用中还存在多种可能性，例如，dog 作名词时可以在句子中充当表语成分，表示"失败"：

Her last movie was an absolute dog.（她的最后一部电影失败了。）

dog 还可以和其他词汇组成名词短语，表示与"狗"毫不相关的含义：

He hasn't a dog's chance of passing the exam.（他不可能通过考试。）

在这句话中，"a dog's chance"是一个名词短语，意为"毫无机会"。除了用作名词外，dog 用作动词的可能性也比较大，例如，在下面这句话中，dog 就用作动词，表示"固执、折磨"。

He had been dogged by bad health all his life.（他一生备受疾病困扰。）

由此可见，词汇构式虽然包含在实体构式范畴内，在其成分上相对固定，但词汇构式的具体意义并不等同于语义知识或词义，它会随着语境的变

化而变化。由于词汇构式在实际的应用过程中需要考虑诸如句法、语体、语用等在不同语境中的变化。因此，词汇构式的教学不能脱离具体的语境，教师应该在各种类型的语境中全方位展示词汇构式在不同层面的形式和意义特征。

（二）构式语法理论视域下词汇教学的主要方法

1. 注重讲授词汇的隐性意义

构式语法强调人们对事物、事件状态的全面理解，也就是说，人们不仅要理解事物的表层含义，还要知晓事物的隐藏内涵，构式语法主张重视语言表达的特异性。这一观点说明，在英语词汇教学中，教师不仅要指导学生掌握词汇的常规意义，还要向学生介绍词汇的隐性意义。在很多情况下，词汇在表示其隐性意义的时候，会体现出不同的用法，因此这种词汇教学方法能够帮助学生掌握词汇的各种意义及用法。例如，词汇"bury"，一般学生学习的都是 bury 的两个常规含义，即埋葬和掩藏。bury 表示埋葬含义时，既可用于人，也可用于动物，例如：

Soldiers helped to bury the dead in large communal graves.（士兵们帮着把死者埋在几个大型合葬墓里。）

bury 表示掩藏含义时，常指为了不使人发现将某物放在隐蔽处或者用石块、树叶等物体遮盖起来，例如：

Squirrels bury nuts and seeds with dried leaves.（松鼠用枯叶埋藏坚果和种子。）

但除了埋葬、掩藏、隐藏等常规的词汇意义之外，bury 还有"沉迷于某事 / 某物""埋头做某事"的隐形意义。例如：

He was buried in computer games.（他曾沉迷于电子游戏。）

Mary is buried in learning psychological knowledge.（玛丽沉迷于学习心理学知识。）

2. 利用词汇的层级性开展教学

构式语法理论提出构式具有层级性，且各个层级都是一个具有一定高度的完整体系。构式语法的这一理论观点可以用到英语词汇教学中。英语词汇具有层级性且一般分为三层，即上级词汇、基本词汇和下级词汇。其中，上级词汇连接基本词汇和下级词汇纽带，以单词 pet 为例，pet 在英语词汇中一般充当上级词汇，也就是说，pet 这一词汇是某种事物范畴或类型的统称，在 pet 以下有很多与之相关的词汇，首先是基本词汇，例如，cat，dog，rabbit，bird，fish 等；此外，与 pet 相关的下级词汇也有很多，例如，Alaskan Malamute（阿拉斯加雪橇犬）、Belgian Sheepdog（比利时牧羊犬）、Chinese Crested（中国冠毛犬）、British Shorthair Cat（英国短毛猫）等。由此可见，教师利用词汇"层级性"这一特点来开展词汇教学，不仅能帮助学生整理记忆词汇的思路，提高词汇记忆的效率，还能帮助学生建立属于自己的词汇系统，了解不同词汇之间的联系，进而帮助他们更好地使用这些词汇，提高英语能力。

3. 处理好词汇与语法的范畴教学

传统语法理论认为，词汇和语法属于语言中不同的范畴，因此词汇教学与语法教学应该是完全不同的两件事。在规划教学的过程中，应该把这两项内容分开对待。但事实证明，这种教学理念存在严重的弊端。构式语法理论认为，词汇和语法二者之间相互联系，没有截然的分界线。在开展英语教学的过程中，如果能将词汇教学和语法教学融合起来，不仅能提高教学的效率，还有利于学生掌握新的词汇、短语和句型。因此，根据构式语法理论，在教学过程中没有必要刻意区分词汇教学和语法教学，词汇和语法的性质一样，二者都具有动词结构所赋予的致使义，相当于及物动词。

第六章 图式理论及其在英语教学中的应用

第一节 图式理论的概念与内涵

一、图式的界定

图式（schema）一词来自希腊语，最早出现在古希腊哲学著作中。同时，图式也是认知心理学的一个术语，图式作为心理学中的概念，最早由德国哲学家、心理学家康德（Immanuel Kant）提出，康德认为，任何一种概念其本身并没有什么意义，要使概念产生意义，就要使概念与理解者已经掌握的知识产生联系。各种概念只有通过相互联系才能长时间储存在大脑的记忆系统中，而这种联系之间的关系就是图式结构，或者说，就是图式。

英国心理学家巴特利特（Bartlett）随后对这一概念进行了进一步研究。巴特利特在他的著作《记忆：体验心理学和社会心理学研究》中将"图式"描述为"对过去经验的反映或对过去经验的积极建构"，他的观点是，图式可作为一个整体在任何与以往经验类似的活动中发挥作用，即图式是对过去经历的一种积极组织形式，反复的反应能形成图式，一旦形成图式，以后的反应就会受到这种图式不同程度的影响。

由此可见，尽管这些定义各有特色，但它们都在说明图式是人脑中一种抽象的、结构化和系统化的知识表征。人们对新事物的理解和解释必然受到记忆中存储的概念、经验、知识文化背景等因素的影响。人们在尝试理解新事物时，需要建立新事物与这些旧概念的联系。通过对图式定义的分析，可以得出图式的六个基本特征：图式具有变量；图式可以嵌套；图式表征的是抽象水平上的知识；图式所表征的不是定义而是知识；图式的活动是一种主动的过程；图式是一种认知的单元，有了这种单元就能够评价所加工材料的匹配程度。

二、图示的分类

目前，大多数语言学家认可和接受的图式的分类是将图式分为三种类型，即语言图式、内容图式和形式图式。根据图式理论，这三种图式是决定二语习得者语言学习能力的关键因素。

（一）语言图式

在学习者习得外语的过程中，语言图式是内容图式和形式图式的基础，也是学习者掌握一门语言的基础。语言图式的主要内容是基本的语言知识，如语音、词汇、语法等。基础语言知识的学习和掌握是构建语言图式的前提，语言图式的构建则是进一步开展外语习得活动的前提。语言图式中包括的语音知识、词汇知识、语法知识是理解外语句型组织、语言表达的基础，如果缺少了这部分图式内容，也就无法激活和利用大脑中的内容图式和形式图式，从而不利于外语的习得和掌握。

（二）内容图式

内容图式主要是指学习者的文化知识和关于某一话题的背景知识，它为人们开展阅读理解活动奠定基础。在开展英语教学的过程中，教师经常会发现这样一种现象，那就是有些学生的英语词汇储备量是比较丰富的，也理解这些词汇的基本含义，但就是无法理解不同语境中词汇的真正含义或者不会恰当地组织语言表达自己的观点。出现这种情况的主要原因就是学生不具备相关的内容图式，因此他们无法将词汇所承载的信息和语言系统中的其他知识内容组合到一起。在英语教学中，英语国家的文化知识尤其是语言文化背景知识是内容图式的重要组成部分。如果学生缺乏对这部分知识的了解，往往就无法正确理解英语词句正确的含义。因此，缺乏内容图式的教学也是影响英语教学效果的重要因素。

（三）形式图式

形式图式是根据事物间的外在结构关联而建立的认知构架。在英语词汇中，有很大一部分单词是根据构词法规则开展变化的，例如，名词单复数、动词的原形、过去式、过去分词等。掌握了这些构词法规则就能帮助学生快速提升词汇知识储备，掌握更多的词法、句法知识，进而取得更好的英语学习效果。

三、图式理论的形成与发展

20 世纪初，瑞士的心理学家皮亚杰将图式的概念引入了心理学研究领域。他提出，图式是在主体与环境的相互作用下相互发展的。在皮亚杰看来，图式是一种认知结构，是思维或动作的一种组织化模式。他在儿童心理学方面的研究发现，儿童天生就具有某种认知结构，在儿童的认知发展过程中存在三种认知图式，分别是动作图式、符号图式和运算图式。然而，他所提出的认知图式有一个明显的不足之处，那就是在强调动作和活动对人类发展的重要作用时忽视了社会文化和教育因素对人类发展的影响。

伴随着现代认知心理学的发展，图式概念得到了进一步丰富，例如，安德森（Anderson）认为，图式使读者在阅读过程中用自身的经验知识去理解文章中出现的抽象知识概念；库克（Cook）认为，图式是大脑中的先有知识或背景知识。可见，不同的理论学者从各自不同研究领域出发，对图式下了定义。

20 世纪 20 年代至 30 年代，格式塔心理学的发展进一步促进了图式理论的形成。"格式塔"的名称是从德语"Gestalt"音译过来的，其含义是"形状、形式"。巴特利特是图式理论形成初期最主要的代表人物，享有"图式理论之父"的美誉。巴特利特通过开展对记忆的系列实验研究发现，在图式的影响下，记忆不是对过去事实经验的简单重复和再现，而是对过去经验的一种积极建构。除此之外，巴特利特还指出，读者对新获得材料的理解和组织毫无例外会受到读者已有知识经验的影响，读者已经具备的知识经验引导着读者学习、掌握新信息，并将这些信息安排到自己的知识系统中。之后的 20 世纪 40 年代至 50 年代，图式理论被当时流行的行为主义和实证论研究所替代，因此暂时没有新的研究成果。

一直到 20 世纪 70 年代后期，图式理论研究才有显著的进步，这主要归功于计算机、人工智能等相关学科的发展和突破。其中安德森（Anderson）、鲁姆哈特（Rumelhart）等学者丰富了现代图式理论的内容。安德森的研究表明，图式在帮助大脑理解事物的过程中发挥了以下六个方面的作用：图式为大脑吸收篇章信息提供了心理框架，做好了心理建设；图式能够帮助大脑分配有限的注意力，使人体在有限的条件下关注更重要的信息；图式能够帮助大脑开展有逻辑地推导；图式能够帮助大脑在以往的记忆和经验中搜寻可以利用的信息；图式能够帮助大脑编辑和总结各类信息；图式能够帮助大脑开展推导性重构，根据新旧知识关系重新构建知识系统。

20 世纪 70 年代到 80 年代，图式理论被广大语言学家所认可，进而被广泛应用到应用语言学的研究中，尤其被用来指导开展英语作为第二语言的教学和学习活动。在国内，20 世纪 70 年代后期到 90 年代这一时期正是改革开放政策逐步实施的阶段，在这一时期，伴随着改革开放的逐步深入以及计算机网络技术的发展，英语学习日益引起人们的重视，很多开展英语教学的一线工作者开始接触语言学和教学方面的理论，并在实践中验证理论，总结教学经验，其中就包括图式理论及其在英语阅读教学中的指导和应用，例如，在发挥图式理论的指导作用时要注重形式图式对其他图式的启动作用；在发挥图式理论的指导作用时可参考图式的形象化理论以及双向调用理论；开展英语阅读教学的方法可以借鉴拓展图式的五种方法——类比、活动过程、建立图像、改述和直接解释；不是所有的图式理论都可以用来指导教学，语篇图式理论的平面化和简单化理论就不适合指导英语阅读教学。

时至今日，伴随着图式理论与英语教学融合发展研究在我国的开展，我国英语教学的理论和实践均实现了进步，在此基础上，如何将图式理论与我国的英语教学改革相结合，进一步推动我国教育教学事业的发展，是教育工作者应该思考的问题。

四、图式理论的主要观点

任何口头或书面的文本本身都是没有意义的。文本的作用是指导读者从已有的知识体系中获取相应的信息并建构出新的意义，也就是说，对文本意义的获取离不开读者大脑中存有的背景知识。在对文本进行阅读理解的过程中，读者首先要将新信息与已知的概念信息联系起来，然后利用大脑中已形成的图式将新信息与已知概念信息一一匹配，匹配得越成功，理解得越正确。所以说，阅读理解过程的实质就是读者通过获取的文本信息、图式媒介与文本作者进行双向互动的过程，在这一过程中，新输入的文本信息也会在读者已有图式之间形成互动，同样的文本信息会因为不同读者在知识背景方面的差异产生不同的反馈。

读者理解阅读材料的过程就是读者脑中图式与阅读材料提供的信息之间相互作用的过程。图式理论将图式分为语言图式、内容图式和形式图式三种。语言图式帮助读者理解阅读材料中的词汇、语法等基础语言知识，在阅读过程中，不常见的词汇和复杂的句型结构更考验读者的语言图式水平。内容图式又称主题图式，能帮助读者调动与阅读材料主题或内容相关的背景知识来辅助理解材料内容。

众所周知，每种语言中的词汇都是在特定语言文化背景中形成的，都是特定语言文化的载体，如果读者在阅读理解的过程中，缺乏对该语言文化背景知识的了解，那么即使读者有较好的语言图式水平，也无法启动相应的内容图式，也就无法理解词汇材料的真正内涵。形式图式包括阅读材料的体裁、篇章结构等方面的内容知识。阅读材料的体裁，即文本类型，主要包括记叙文、议论文、说明文、描写文和应用文五种。不同的文本类型在大脑中形成的图式不同，只有在大脑中建立各种不同的形式图式，不断地熟悉各种文体，读者在阅读材料时才能迅速调动各种图式，尽快理解文章的大意。当然，这三种图式在阅读理解的过程中不是单独发挥作用的，它们同时运作，相互弥补，对读者正确理解文本内容、把握材料内涵都起着十分重要的作用。

图式理论的主要功能是说明人对客观事物的理解过程。图式理论的基本功能有三项，分别是建构、推论和整合。首先，建构是学习者以已有的知识经验为基础，通过新知识的输入以及与客观世界的相互作用来建构新的理解；其次，推论是指学习者可以利用图式内不同因素之间的内在联系推测出新知识隐藏的内涵；最后，整合是指学习者把已有的图式结构应用到新信息的解读上，并将新信息与相应的变量联系起来。

第二节　图式理论融入英语教学的必要性

图式理论在英语阅读教学、听力教学和写作教学等课程教学中具有显著的指导作用，接下来本书将以英语阅读教学为例分析图式理论融入英语教学的必要性以及具体应用。

一、英语阅读教学的重要意义

（一）阅读是最便捷的英语教学方式

与英语听力教学、口语教学相比，英语阅读教学可以说是最便捷、最经济、最自由也最独立的英语教学方式，无论是教师讲授还是自学，只要一本书、一个字典，学习者就可以开展阅读教学或阅读知识学习。对于英语教学来说，阅读教学还是一种最现实、最有效的帮助学生积累英语语言知识的形式。由于英语教学在中国属于第二语言教学，因此缺乏目的语教学的语言环境，因而也就缺少目的语语言知识和文化知识的输入。对于多数英语学习者来说，通过听的途径来实现语言的大量输入，掌握大量的英语语言知识也不太现实。而足够的语言输入是掌握一门语言的前提和基本保证，没有了这个前提，语言的掌握和运用就无法实现。无论是之前还是现在，英语阅读都是中国学生最现实、最有效地积累英语语言知识和文化知识的途径。

（二）阅读是培养语感的最佳方法

科学研究表明，好的英语水平是可以通过阅读培养出来的，好的语感的形成更是离不开大量的阅读。学者周健认为，获得语感的重要方式之一就是参加"自然语言实践"，即通过接触大量的言语材料，使大脑自动形成言语本身的使用规则，进而使学习主体形成一种言语结构。① 人们的母语语感就是通过这种方式形成的。对于非母语的学习者来说，能接触足够多英语材料的机会就是进行大量的阅读。"书读百遍，其义自见"说的就是这种自然习得的方式。

当前，一些英语学习者都认为英语阅读学习是枯燥的、困难的。但事实是可以采用更简单、更轻松的方式进行英语阅读。对于英语水平不高的人来说，如果想通过阅读提高自己的知识积累量，就可以选择适合自己水平的、稍微简单一些的英语读物，从最简单处学起，选择生动、有趣又有一点挑战性的读物，而不是一开始就选择难度较大的英文原著。对于有一定英语基础的，想要深入了解和研究英语语言文化的学习者来说，可以选择有一定难度的英文读物，如新闻报道、报刊选读、文学名著等资料进行学习。

（三）阅读提高学习者技能和兴趣

英语学习者可以通过阅读培养自己的阅读能力，并借助阅读能力提高和发展英语综合应用能力中的其他能力，如听力、口语、写作和翻译的能力。因为阅读可以增加学习者的英语知识含量，这种知识含量不仅体现在语言方面，更体现在文化方面。当学习者通过阅读掌握了相关英语语言文化知识，其就可以采用各种方法技巧将这些知识应用到英语语言的实践过程中，如学习者可以将阅读学到的知识观点用在与他人讨论问题的跨文化交际过程中，或者用在英语文章的写作过程中。

随着阅读量的不断增加，学习者掌握的英语语言文化知识也会不断增加，在这个过程中，学习者的注意力很可能被阅读材料中的内容所吸引，进而脱离原本的阅读材料，搜集其他相关资料继续了解和学习。如此一来，学习者就能感受到英语学习的进步与成就，进而增强学习英语的信心，激发了学习英语的兴趣。

（四）阅读促进学习者的全面发展

英语阅读不仅能帮助学习者积累英语语言文化知识，提高阅读能力，还

---

① 周健.第二语言教学应以培养语感为导向 [J].语言与翻译，2003（1）：53-57.

能帮助学习者提高听力、口语、写作和翻译的技能，最重要的是英语阅读能培养学习者抽象概括、总结归纳、逻辑推理等方面的英语思维能力，因此，阅读能促进学习者的全面发展。

二、英语阅读教学的现状分析

现代心理语言学和认知语言学的研究表明，阅读是一种复杂的、依靠读者主动思维开展的心理活动，在阅读过程中，读者需要根据自己已经掌握的知识信息对新的信息进行筛选、验证、分析和理解，因而阅读是一种相对独立的认知行为。

目前，虽然我国英语阅读教学工作的开展已经取得了一定的成效，学生的阅读能力有所提升，但当前的阅读教学工作还未实现英语教学工作的目标，学生的阅读能力还有进一步提升的空间。首先，当前英语阅读教学工作的开展并非一帆风顺的。一个原因就是学生的阅读能力基础薄弱。阅读能力基础主要包括词汇量、语法结构和语义理解三个要素。在传统的英语阅读教学课堂上，英语教师往往是课堂的主导者，负责阅读教学的教学内容、教学方法和教学评价等方面的内容，学生处于这种课堂环境中，容易缺乏主动学习的意识和习惯。例如，当学生看见不认识的单词后，第一反应是找教师解读而不是自己想办法弄清楚这个单词的含义、用法，这就不利于学生扩展自己的词汇量，扩充自己的知识储备；当学生遇到陌生的语法结构时，教师只是简单地讲解一下该句型结构的表层含义，而不要求学生掌握该句型结构的深层语义和系统知识，致使学生对自己的要求降低，阅读基本功不足。

其次，当前英语阅读教学的方法不能激起学生学习英语的兴趣。在当前的英语阅读教学课堂上，教师讲解、学生做笔记是比较常见的教学方法，即使有检测阅读效果的提问或小组讨论，也大多流于形式，没有太多新意。因此，如果不能从根本上改变这种情况，不能激发学生参与阅读教学的兴趣，那么学生就会失去课内阅读的动力，也就很难实现阅读教学的目标。

再次，在开展英语阅读教学的过程中，教师没有关注学生的母语能力，因此也没有发挥母语习得对外语习得的正迁移作用。

最后，在中国的英语教学发展历史中，词汇、语法、口语、听力等课程项目在不同时期都各有侧重地引起过重视，但英语国家的文化作为民族语言产生和发展的背景却在任何一个时期都没有引起过足够的重视，关于英语国家的历史文化背景知识以及相关学科领域的知识文化，学生只能通过课堂以外的其他途径获得，由于学生自主获取的这些知识并不能保证其真实性和客观性，因此也就容易无法与课堂上获取的知识连成系统。

三、图式理论应用于英语阅读教学的意义

英语阅读教学的教学目标之一就是培养学生的阅读理解能力。而要想培养学生的阅读理解能力，就要明白阅读理解的实质。认知语言学认为，阅读理解不仅是一个人不断学习、不断认知的过程，还是一个交际互动的过程，在阅读过程中，读者从阅读材料中提取信息，不断尝试去感受作者想要讲述的故事、表达的观点或传递的情感。

在清楚了阅读理解实质的基础上分析图式理论应用于英语阅读教学的意义，更能抓住重点。首先，图式理论是一种能够比较全面阐释阅读过程的理论，它的结构特点是帮助读者开展阅读理解的关键因素。图式理论的结构特点体现在影响大脑的记忆过程和注意力分配方面。人类大脑最主要的三种记忆方式就是感觉记忆、短时记忆和长时记忆。外界的信息经由人体的感觉输入进入大脑形成瞬间的感觉记忆，而那部分让人们感兴趣的信息会进入编码程序，进而形成短时记忆，其中部分令人印象深刻的信息会通过进一步精加工和编码形成长时记忆。长时记忆反过来会对新输入的信息进行检索和匹配，至此大脑中就形成了独一无二的信息网络。读者大脑中存储的知识信息越丰富，就越容易理解和接受新的知识信息，从而加速编码和匹配的进程，提升自身的知识水平。综上所述，图式的结构特点和作用方式是图式理论指导阅读教学活动开展的核心影响因素，这两项因素的应用将大大提升读者的阅读能力和阅读效率。

其次，所有阅读活动的核心环节都是理解，对于读者来说，无论是解码字、词的含义还是推测阅读材料的表面意义或深层含义，都离不开理解这一环节。图式理论联合实践证明，一名读者不能正确理解一篇阅读材料的原因一般有三种。第一，读者不具备与阅读材料内容相关的图式。第二，读者

虽然具备了与材料内容相关的图式，但作者提供的线索不足以激活读者的图式。第三，读者虽然具备了相关的图式，作者也提供了足够多的线索，但读者缺乏相关的语言知识，因此作者提供的线索不能发挥作用，也不能激活读者的相关图式。也就是说，读者自以为读懂了阅读材料，但实际上作者想要表达的不是读者理解的意思，读者误解了作者。由于图式是对阅读材料实例进行抽象概括的结果，这种经过概括化而形成的知识结构，是学习迁移最突出的内部条件之一。

最后，图式理论对人们开展阅读理解还起到了以下五个方面的作用。

图式为人们开展阅读理解提供了较好的预期。因为图式是关于某种事物的结构框架，因此能为人们接触新事物、理解新事物奠定基础，提供支持。在开展阅读的过程中，读者对标题越熟悉，越有助于接下来的信息接收与理解。

图式为人们开展阅读理解发挥着调整补充的功能。虽然阅读材料是未知的、范围极广的，但图式的框架结构具有限定读者认知和理解范围的作用，能帮助读者有效地推断出某个事物的"缺省值"。

在阅读理解的过程中，大脑经常需要在短时间内摄入大量的信息，然而这些信息并非全都是有效信息，此时图式就会对输入的信息有选择性地进行编辑和加工，收录有用的信息，删减无用的信息，从而避免长时记忆内容过多，负担过重。

在开展阅读理解的过程中，人们经常会遇到一些委婉的表达方式，或者作者为了整体的写作效果故意隐藏的一些故事情节，对于这些未尽之意或未言明之处，图式也能提供理想的结构框架，帮助读者推测问题细节，推理出没有完全写出来的故事情节。

在开展阅读理解的过程中，图式可帮助读者总结和归纳材料的主要内容，以便于将重点内容存储于长时记忆中。

第三节　图式理论在英语教学中的具体应用

一、强化母语媒介

图式理论研究曾明确指出，在学习外语的过程中，外语学习者在整个学习过程中都摆脱不了母语思维的影响，母语思维对于学习外语并不是只有阻碍作用，相反，相关研究表明母语思维对外语学习的促进作用要大于阻碍作用。在英语阅读教学中，学习者基本已成年，都已具备较为娴熟的母语使用技能和较为稳定的母语思维系统，他们已经习惯用母语思维理解新事物。母语思维系统对学习英语的影响已经根深蒂固，容易造成对英语学习的顺向迁移。

除此之外，众所周知，英语教学的最终教学目标是培养学生的英语综合应用能力，而英语阅读能力是学生英语综合应用能力的重要组成部分，因此英语阅读教学是促成这一能力养成的重要环节。通过对图式理论与阅读教学的系统研究可以发现，图式理论视域下的阅读是读者已有图式知识与阅读材料之间的互动，而母语知识是学生读者已经具备的重要图式知识，因此学生的母语知识背景将深刻影响学生的阅读学习。基于以上分析，在高校英语阅读教学的实践活动中，教师需要考虑使用以母语为媒介的教学策略。

以英美报刊文章阅读课程为例。英美报刊文章涉及的文章内容丰富、题材广泛，涵盖政治、经济、军事、文化、教育等多个领域，因此其要求读者不仅要具备一定的英语语言能力，还要知晓各个方面的文化背景知识。为了帮助学生熟悉这部分内容，本书认为教师可以鼓励学生从阅读中文报刊或收听中国的国际新闻报道开始，关注国际重点新闻、时事热点，如收看中央电视台的"中文国际"频道。因为这些新闻内容往往也是英语新闻的关注点。

二、建构图式网络

图式理论将图式分为语言图式、内容图式和形式图式三种。图式理论相关研究证明，在阅读过程中，阅读材料与读者头脑中的三种图式相互作用，三种图式也互相配合，引导读者对文章展开分析和理解。基于以上观点，本书认为，在英语阅读教学中，教师可以通过建构图式网络的方式开展阅读教学活动，帮助学生构建属于自身的、独特的图式网络，引导学生对各类阅读材料进行归纳、分析，选择具有代表性的材料给学生阅读和讨论，结合课后练习来提高他们的阅读技巧和阅读能力。

三、快速激活图式

图式理论的核心观点说明，阅读是一个需要读者主动接受、思考、理解信息的行为，是读者对于复杂的语言材料进行全方位处理的高级神经系统活动。在这个活动过程中，读者的大脑需要对信息进行识别、搜索、分析、推理和归类等处理活动，使得新输入的信息与原有的知识结构框架产生互动，并得出一定的结论。总而言之，大脑在这个过程中会经历一系列的"图式活动"，包括激活、同化和异化等。

实践证明，在开展英语阅读活动的过程中，能否快速激活读者大脑中的图式是读者能否正确理解阅读材料的关键。学生的大脑中已经存有各种各样丰富的图式，但是，大多数学生在开展英语阅读过程中没有意识到要调动这些图式帮助自己分析材料、理解材料。对于这种现象，教师的任务就是想办法充分、快速地调动学生大脑中这部分已经存在的图式。下面介绍一些在阅读教学实践中能快速激活学生已有图式的方法策略。

（一）提问法

提问法本是一种较为传统的教学方法，但很多教师对提问法的作用和具体操作方法还没有完全了解，因而无法达到较好的教学效果。具体分析，提问法具有以下四点重要作用。

第一，提问法的主要作用是检查学习者对所学知识的掌握程度，也可以检查某一阶段的教学成果。提问法的这一作用体现在阅读教学中，就是帮助学生回忆大脑中已有的各种图式内容。

第二，提问法还可以及时跟进学习者的学习状态，看他们是否认真听讲，是否一直保持着对学习的热情；在阅读教学中，针对性提问能够提高学生的课堂注意力，引起学生的学习兴趣，使学生的大脑图式一直处于活跃的状态。

第三，提问法在询问学生的认知经历或对某事物的评价看法时促进了学习者思考能力和思维能力的提升。在阅读教学中，学生对认知经历的回忆是在调取自己的长时记忆和自己已有的知识储备，学生发表对某事物的评价也是学生大脑中已有的图式框架在与某事物进行互动。

第四，提问法还具有承前启后的作用，可以帮助师生自然地过渡到下一学习阶段。在阅读教学中，提问法承前启后的作用体现在教师帮助学生开启新的图式互动。

根据以上分析可以看出，提问法的作用很明显，但提问法使用不当也会给学习者造成很大的压力，使他们害怕教师的提问，从而不利于师生之间的平等交流。为了避免这种情况的发生，教师要从以下三个角度出发提问：

教师只提与阅读教学目标和阅读教学内容相关的问题，不提与学习内容无关、分散学生注意力的问题；教师根据学生的认知能力水平提问，不提超出学生回答能力的问题，可以提有一定难度的题，但不要求学生回答得完全正确；教师不提故意刁难学生的问题，要照顾学生的自尊心和自信心，保证学生愿意调动自己的图式，分享自己的图式互动。

与此同时，为了提升学生回答问题的速度与质量，教师提的问题要有质量，一些不合适的问题不要提；尽量提一些符合学生身心发展规律的高质量问题，例如，开放式问题。此类问题通常以 W 或 H 开头的特殊疑问词组成，如 what，where，who，how 等；确认理解问题。此类问题具体又可分为三类：其一，确认学生理解了教师的提问；其二，确认教师理解了学习者的回答；其三，确认学生完成了自己的回答并不会修改。

不合适的、低质量的问题也主要分为以下三种：其一，只能用"是"或"不是"回答的封闭式问题；其二，给予学生答案或具有明显暗示的引导式问题；其三，只能答出部分答案的多重式问题或过于简单的问题。

（二）头脑风暴法

头脑风暴法，又称 brainstorming，是美国学者亚里克斯·奥斯本（Alex Faickney Osborn）于 19 世纪 30 年代末提出的参与式教学模式，是针对学习者创造能力提升的训练方法。"头脑风暴"这一词来源于精神病理学，一开始用来喻指精神病患者精神错乱的状态，现用来比喻人的思维十分活跃，人的大脑在相互碰撞、相互讨论中产生了新的观念和新的设想。头脑风暴法的特点是学习者根据特定的话题或议题，发散思维，敞开思想，快速地、不受约束地表达自己的观点和想法，来自不同学习者的不同的设想相互碰撞、互相影响，从而在学习者的脑海中激起创造的风暴。

在阅读教学中，适当进行头脑风暴能够加强学生之间以及学生与教师之间的良好互动，有效调节课堂气氛。根据图式理论观点，头脑风暴法具有两个比较显著的优点。首先，学生自由发挥的空间比较大，他们可以尽情调动头脑中与议题相关的各种知识储备。其次，在具体操作的过程中，教师可以引导学生讨论的方向，学生在不知不觉间向着教师指引的方向思考，从而快速激活大脑中的已有图式。

头脑风暴的参与面很广，每个人都在毫不吝啬地分享自己的观点，因而从旁观者的角度看学习者们讨论得十分激烈。但激烈并不等同于有效。要组织一场科学有效的头脑风暴活动并非易事。在英语阅读教学活动中，教师组织开展头脑风暴活动要遵循以下环节和原则。

1. 基本环节

头脑风暴活动的基本环节包括以下六项内容（图6-1）。

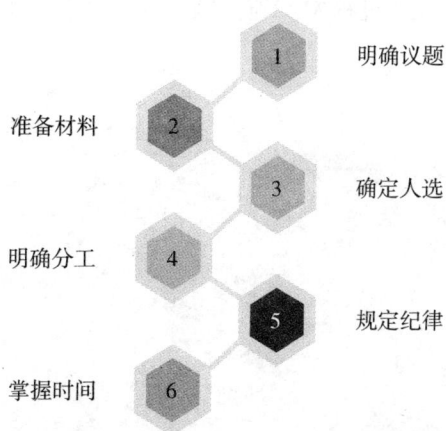

图6-1 头脑风暴活动的基本环节

（1）明确议题。教师要明确议题，最好以书面语的形式将议题写到黑板或展示板上，这样所有的参与者就能清楚地看到这个议题，并且在讨论的过程中看到这个议题名称也不容易跑题。这样做的目的是保证图式对讨论内容的预期作用。

（2）准备资料。在正式开始发表意见之前，为了提高参与者的表达效率和整个活动的效率，教师可以在讨论前准备一些资料，以便参与者了解议题的相关背景知识。这样做有利于丰富参与者的内容图式，调动参与者头脑中已有的图式内容。

（3）确定人选。组织头脑风暴活动一般需要 8 到 10 个人，也可以是 6 到 8 个人，人太多了不容易组织管理，人太少了起不到激发思维的作用。

（4）明确分工。教师要分别选出服务活动的一名主持人和一名记录员。主持人主要负责的工作是重申议题，强调纪律，启发引导，掌握进程。记录员的主要职责则是简要记录所有相关设想。

（5）规定纪律。无规矩不成方圆。根据头脑风暴的原则，教师可以规定几条纪律，要求参与者遵守，以推动活动的有序进行。

（6）掌握时间。讨论的时间由教师与主持人掌握，不适合在讨论前完全固定，一般来说，几十分钟即可。

2. 基本原则

在高校英语阅读教学过程中实施头脑风暴法的基本原则如图 6-2 所示。

自由畅谈

追求数量

延迟评判

禁止批评

图 6-2　头脑风暴法的实施原则

（1）自由畅谈。这一原则是最基本也是最主要的原则。参与者运用自己掌握的知识自由地发表评论，可以从不同的角度、层次出发大胆地展开想象和论述，不必担心自己的观点过于独特，教师和其他参与者都能以宽容的心态包容不同的意见和想法。自由畅谈原则保证了参与者自由地调动和运用头脑中已有的观点和知识。

（2）延迟评判。开展头脑风暴活动是为了使参与者勇于发表自己的看法，激活参与者的内容图式，不是为了评判某一观点是否正确，因此必须坚持不能当场否定某一看法，也不要发表评论性的意见，否则可能打击参与者发言的积极性和自信心，所有的评价要延迟到活动结束后进行。

（3）禁止批评。禁止批评是头脑风暴法应该遵循的一个重要原则，也是对延迟评判原则的一个延伸。参与这项活动的每个参与者都要尊重他人的设想，不要随意提出否定或批评意见，以免抑制创造性思维、影响信息与图式的交流互动。

（4）追求数量。追求数量原则是因为头脑风暴会议的目标是收获尽可能多的创新设想，因而追求数量也是它的一项重要原则。

（三）培养预测能力法

对阅读材料进行预测和证实是图式理论应用于阅读的核心内容，因此，增强学生的预测意识、提高学生的预测技巧是很有必要的。预测是一种非常重要的阅读技巧，是因为在阅读过程中，不管学生预测的正确与否，预测这种行为活动都激发了学生大脑中已有的图式内容，都使他们的思维更接近于阅读材料的主题和阅读材料的内容。有预测的阅读应优于无预测的阅读，阅读效率高的学生都是带着问题开展阅读的，寻找这些问题的答案就构成了开展阅读的目的。

事实上，很多问题对于学生开展有目的的阅读活动是很有帮助的，但是，在过去，这些问题往往更侧重于学生在阅读过程中或阅读过后对阅读材料理解方面，但是现在，教师可以在学生正式开展阅读之前提出与阅读材料有关的问题，这种导入式的提问对于激活图式意义重大。

从调动图式角度来看，阅读之后的提问与阅读之前的提问差别较大。阅读之后的提问需要调动的往往只是一小部分短时记忆，它的量比较小，因此大脑的负担也比较小，而阅读前的提问需要调动的是几乎所有相关的知识记忆，它的量比较大，调动起来比较困难。阅读之后的提问更强调对图式内容的巩固，而阅读之前的提问则侧重于激活大脑中的相关图式。图式理论认为读者在阅读过程中利用已有的图式经验虽然不能准确预测到文章中的每个细节，且很有可能预测错误，但读者大多数情况下能预测出文章大致的方向内容以及可能出现的一些情况，这种预测指引着读者在阅读过程中寻找着特定的信息，并使读者尽量不受一些不重要信息的干扰，从而进一步减少了理解材料所需要的图式，提高阅读的效率。

四、把握语篇体裁

图式理论观点认为，形式图式是读者对一篇文章结构排列的熟悉程度，即所说的读者的语篇知识，包括读者对文章体裁、文中所用修辞的认知和了解等内容。借助形式图式，读者可以对文章的观点、内容等做出判断和推理，因此可以加快阅读理解的速度并深入思考文章的内涵。在运用形式图式开展阅读理解的过程中，把握阅读材料的语篇体裁是十分重要的。不同的阅读材料表现出不同的文体类型，不同的文体类型有着各自典型的文体特征，它们分别以各自典型的语言图式为基础，在行文中呈现出不同的概念意义、不同的语篇表达。下面对阅读材料中几种比较常见的文体展开分析。

（一）记叙图式

所谓记叙图式，就是用于讲述一个故事或者记述一个事件的图式，这种图式是读者在开展阅读理解过程中出现频率较高的图式之一。记叙文体的主要特征就是按照时间的顺序组织材料，由于时间的呈现一般是线性的，所以记叙图式可被描述为线性图式。根据线性时间的特点，可将记叙图式分为三个组成部分，即故事的开头、故事的正文以及故事的结尾。其中故事的开头需要关注的是故事发生的时间、地点以及故事中的主要人物角色，故事的正文需要关注的是情节的推进和故事的高潮，故事的结尾需要关注作者想要表达的思想或情感，即故事的主旨。

在阅读教学中，教师要引导学生注意在阅读此类语篇过程中要充分发掘与时间范畴相关的语法手段来分析事件的进程以及事件发生的前因后果。在英语记叙文体中，与时间范畴相关的语法手段主要包括以下几种（图6-3）：

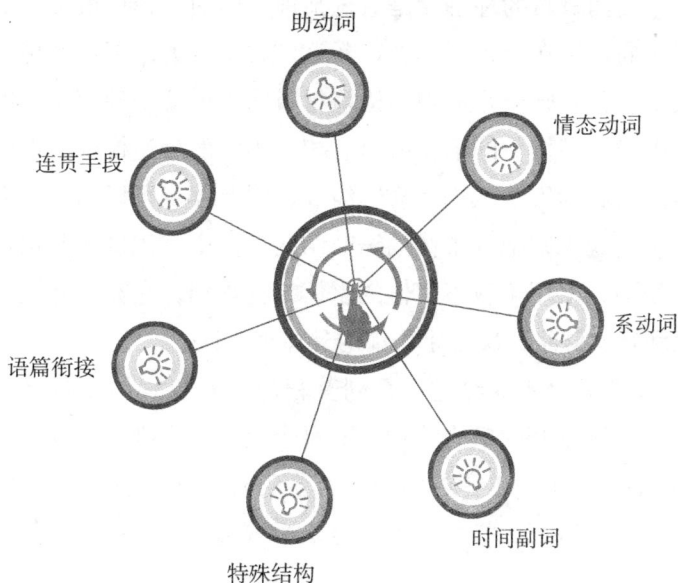

图6-3　与时间范畴相关的主要语法手段

（二）描写图式

描写图式是开展阅读理解过程中常见的图式。描写图式重在通过细致地描述向读者呈现自己的感官经历，如对某种事物或某一场景的描写。描写通常按照空间顺序展开介绍，其内容的呈现一般是比较立体的，让读者有画面感的。读者在阅读此类文体时，要调动综合图式网络，发挥三种图式的互动作用，帮助读者在大脑中建立起一个较为全面的、能全方位展现事物特征的模型，以便于读者从各个角度观察事物、了解事物，从而对事物有一个比较客观、准确的判断。

（三）说明图式

说明图式是用于解释和说明事物是什么或如何运行、如何使用的图式。说明图式主要包括解说图式、分类说明图式、比较对照图式和因果关系图式等。

图式理论强调图式的中心作用在于构建对某一事物或某种情况的具体内容。读者对于阅读材料的理解就是通过某种具体的解释形成篇章情境的内在模式,而图式的作用在于帮助读者判断该模式是否适用于该情境的解释。在英语阅读教学中,教师应强调理解语篇材料的过程就是理解不同图式构成模式的过程。由于不同体裁的语篇材料有相对固定的表达模式,而固定的表达模式由相似度较高的宏观结构和规则组成,因此读者可以通过掌握语篇材料的宏观结构和宏观规则把握整体的语义结构。其中宏观结构是语篇高层次总结性的语义结构,多用于叙事文体的整体结构规划,它充分体现了语篇材料的主要思想和行文脉络,决定了语篇的整体连贯性。

一个普通的阅读文本经过一系列有程序、有步骤的删减之后,就能形成层次分明、连续排开的宏观结构,而每个层次的宏观结构就是阅读文本在该层次上的次主题。在开展英语阅读教学的过程中,教师可以根据不同体裁阅读文本的结构特征,指导学生通过语义浓缩的方式把握语篇结构的具体特点。

第七章　言语行为理论及其在英语教学中的应用

第一节　言语行为理论的概念与内涵

经过长期的语言研究，结合大量的言语交际实践，人们逐渐意识到，只分析句子的结构和逻辑——语义，考察句子意义的真假是无法全面、准确地理解话语的。基于以上考虑，言语行为研究者另辟蹊径，从一个全新的视角出发对语言进行研究，它研究的重点内容不是语言的语法结构及其相关语言系统，而是人们"以言行事"和话语产生的效果。

一、言语行为的理论研究

言语行为理论是从行为角度出发阐释人类言语交际的一种重要的语言理论。奥斯汀（Austin）和塞尔（Searle）是研究言语行为理论的重要学者，他们为言语行为理论的形成与发展做出了重要贡献。

（一）奥斯汀的言语行为理论

英国哲学家、牛津日常语言学派的代表人物奥斯汀是言语行为理论的创始人，在进行理论研究的过程中，奥斯汀的贡献主要体现在以下三个方面：第一，提出了二元论——表述句和施为句的概念及相关应用；第二，提出了言语行为三分说理论；第三，提出了言语行为的分类。

1. 二元论：表述句和施为句

真值条件语义学提出，句子只有包含正确或错误的命题才有意义。但奥斯汀认为，在实际的言语交际行为中，有意义的句子不一定符合真值条件，并且这类句子能传达出超出字面意思的信息。例如，"祝你新年快乐"这句话用来表示祝贺的意义时，不存在正确或错误的命题。基于以上分析，奥斯汀提出了表述句和施为句的概念，并分析了它们的特征及应用。

（1）表述句的概念和特征。表述句也称"陈述句"，是指表达所述之言的句子，其作用是以言指事、以言叙事，在具体的语言实践中常用于描写、报道或陈述某一信息。在使用表述句进行描述或展开交际时，要注意其在语义关系和思维逻辑方面的正确性。请看以下示例。

例句 1：杭州西湖的风景十分宜人。

例句 2：We went to the supermarket on Saturday.（我们周六去了超市。）

其中，例句 1 中的话语是对某一事物的描述，例句 2 中的表述则是对某一事件的报道。两句话各自表达了一个不知道真假的命题。也就是说，不管这两句话表达的意思是真还是假，他们所描述的命题都是正确的，符合话语表达逻辑的。

（2）施为句的概念、分类和特征。施为句的意思就是说话人在说这句话时就在实施某种行为，即"言有所为"，施为句的目的在于以言行事，表达重点不在于判断句子的真假。施为句可分为显性施为句、隐性施为句和内嵌施为句三种类型。其中含有施为动词的语句叫作显性施为句，不含有施为动词的语句叫作隐性施为句，在使用过程中需要借助施为动词，但施为动词不充当句子主要动词形式的语句叫作内嵌施为句。请看以下示例。

例句 1：I promise I'll be back in three days.（我保证在三天之内回来。）

例句 2：I'll be back in three days.（我会在三天之内回来。）

上述两个例句均属于"承诺"句。这两句话的不同点在于：例句 1 通过使用施为动词 promise（保证、承诺）表明了说话人的显性承诺；而例句 2 在缺少显性施为动词的情况下表明了说话人的隐性承诺。

研究发现，显性施为句一般具备以下四点特征：第一，句子的主语就是说话人；第二，人称代词的形式是第一人称单数形式，谓语动词的时态是一般现在时；第三，话语表达的过程不是言语行为实施的过程；第四，句式为肯定句式。

在隐性施为句中，以上特征表现得并不明显，但是就可以通过添加显性特征内容验证该句型是否为隐性施为句。例如："本次风筝节比赛活动圆满结束"通过添加句子主语和显性施为动词，可以将这句话转化为显性施为句："我（宣布）本次风筝节比赛活动圆满结束"一般情况下，显性施为句与隐性施为句想要开展的行为及其达到的效果是基本相同的。

例句 3：The gift I promise you is made in China.（我承诺给你的礼物是中国制造。）

在例句 3 中，promise 是一个施为动词，但此处它并不表示主语要进行许诺行为，而是对未来许诺行为的一种描述，因此属于内嵌施为句的范畴。

尽管"二元论"改变了把真值理论看作语言理解的中心的传统观点，但奥斯汀很快发现了二元论的不足之处。比如，"I am a teacher"所表达的语言含义与显性施为句"I state that I'm a teacher"所表达的语言含义是相同的。换句话说，话语"I am a teacher"也是在实施某种行为，即陈述式的言语行为。因此，奥斯汀修正了"二元论"，把表述句也归为施为句的一种。这意味着所有的话语都可以用来实施某种言语行为。

2. 言语行为三分法

奥斯汀对表述句与施为句的不严格区分以及他个人研究对象的转变，导致他不会对"施事话语"和"表述话语"的概念进行深入探讨和区分，因此奥斯汀提出了言语行为三分说理论，即把言语行为分为三种，分别是以言指事、以言行事和以言成事。

以言指事行为指"说话"这一行为本身；以言行事行为指"说话"时实际实施的行为；以言成事行为则是指"说话"所产生的后果或取得的效果。也就是说，说话人通过组织语言表达自己的观点、态度或情感，向他人传递出自己的交际意图，一旦对方理解了其真实意图，就可能会产生谈话的效果或造成各种影响、变化。

言语行为的特点是说话人通过言语的表达来执行一个或多个行为，如陈述、建议、命令、道歉、提问、解释等行为。而且通常情况下，这些行为的执行会给听者带来一定程度的影响。所以，奥斯汀认为，说话人在表达任何一句话的同时都要完成以上三种言语行为。

例如：我保证这次旅行回来给你带礼物。

在这句话中，说话人传达出的"我保证这次旅行回来给你带礼物。"这一语音行为本身属于以言指事行为。以言指事行为本身并不构成交际行为，它只是一个单方面的陈述。现实是，说话者在实施以言指事行为时，还实施了以言行事行为，即许下了一个承诺"我保证"，而以言行事行为又会导致以言成事行为，因为听话人相信说话人会遵守承诺，做到自己保证过的事，从而导致两人对话的成功。

（二）塞尔的言语行为理论

塞尔对言语行为理论的发展做出了重要贡献，其贡献主要体现在以下两个方面：其一，提出了实施言语行为的规则与条件；其二，提出了间接言语行为理论。

1. 言语行为的规则与条件

（1）言语行为的规则。塞尔认为，要想实现言语行为的有效实施，就需要遵循言语行为开展的规则。塞尔认为开展言语行为主要需要遵循两项规则。

其一，调节性规则。在使用语言展开交际的过程中，调节性规则不是硬性规定，其主要的作用在于限制新的言语行为和活动。调节性规则经常采用的表达方式有两种，一种是"应该做 X"，另一种是"如果 Y，则应该做 X"。

其二，构成性规则。构成性规则最大的特点是固定性。构成性规则的作用体现在，在不影响现存言语交际行为的前提下，关注新的言语交际行为。

（2）言语行为的条件。塞尔认为，实施具体的言语行为需要遵循一定的条件：

其一，实施具体的言语行为需要具备两项基本的语言条件，分别是语言输入条件和语言输出条件。语言输入条件就是听话者能够了解说话者表述的语言，语言输出条件就是说话者的语言能够被听话者理解。输入条件和输出条件的使用建立在交际双方了解语言使用规则的基础上，并要求说话者和听话者清楚自己的交际行为，例如，交际行为的方式、目的以及可能产生的后果。

其二，言语交际双方在生成话语时需要表达一定的命题。

其三，当说话者在针对命题内容进行表达时，就是在实施言语行为。

其四，开展言语行为的前提是听话者希望说话者来实施这一行为，最起码不反对说话者实施这一行为。

其五，言语行为实施的共同条件是交际双方了解正常对话状态下，说话者不会做某事。

其六，说话者主观上愿意实施这一言语行为。

其七，说话者希望通过言语上的表达使听话者同意让自己承担做某事的责任。

其八，说话者希望听话者理解自己的表达方式，识别自己言语间的真实意图。

其九，当且仅当以上八个条件得到满足时，说话者才能正确地、真诚地说出话语，这是说话者与听话者通过语义规则作用的结果。

2. 间接言语行为理论

间接言语行为是指用间接的方式表达言语行为的行为。

例如：We have no time on Saturday.（我们周六没时间。）

在上述例句中，"我们"用间接的方式表达了自己的拒绝态度，在特别的语言环境中，听话人能理解说话人的真实意图，说话人收获以言成事的效果。与此同时，还需要注意的是间接言语行为理论的提出是基于一定的假设的，请看以下四个假设条件。

（1）显性施为句或者明显的以言行事都可以通过施为动词判断说话人的言语意图。

（2）很多语句其实都是隐性施为句，说话人习惯性地隐藏了施为动词。

（3）语句本身表达的类似言语行为被称为字面含义，在字面含义之外还存在"言外之意"，字面含义与言外之意之间通常存在着密切的联系，人们常常能通过字面含义，结合语境分析，推测出语句的言外之意。

（4）间接言语行为可分为规约性间接言语行为和非规约性间接言语行

为。这二者的区别是，在表达规约性间接言语行为的句子中，人们可以通过一些句法结构上的特征或者语用习惯来作出对句子真实含义方面的推断。

例如：Could you open the door？（你能把门打开吗？）

通过这一例句，可以提炼出"Could you+ V"这一句法结构，由于在英语表达中这一句法结构被约定俗成地赋予了"I request you+ V"的含义，因此可以得出这一结论：上面这句话是说话人在表示"请求"的言语行为。

而非规约性间接言语行为的特点是，听话人无法根据句子的句法结构或约定俗成的语言表达习惯推导出句子的首要言语行为。对此类间接言语行为的判断需要依靠谈话双方共享信息以及话语表达的语境。

老师：这位同学的头发太长了。

学生：老师，我今天就去剪短。

在上面这段对话中，老师的话表面上是对一个事实（某位同学的头发过长）进行陈述，实际上是想说这位同学的发型不符合学校规定，需要把头发剪得短一点。在该语境中，陈述事实是老师的次要言语行为，提醒剪发才是老师的首要言语行为，也是言语交际行为的最终目的。

二、言语行为的表现方式

言语行为的达成需要交际者选用恰当的表达方式。具体分析，言语行为的表现方式包括逻辑语义、语境信息、句法结构和感情意义这四种（图7-1）。

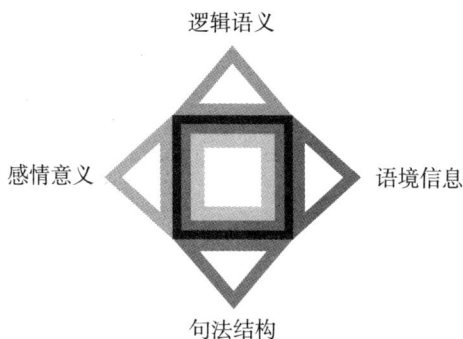

图7-1　言语行为的表现方式

（一）逻辑语义

在人们日常的言语交际活动中，言语行为的逻辑语义表现形式可以说是最为常见的表现形式。逻辑语义表现形式主要包括以下三种表达类型。

1. 陈述句：用于陈述一个事件或描述一个事物

示例：Today is Friday.（今天星期五。）

2. 疑问句：表示对某事或某物的询问。

示例：Will you come to my birthday party?（我的生日聚会你会来吗？）

3. 祈使句：表达对某人的要求、命令或请求

示例：Please answer my question.（请回答我的问题。）

命题行为是以言行事的命题内容，逻辑语义方式往往直接表达命题行为。不同的以言行事方式可以表示相同的命题内容，而相同的以言行事方式也可以表示不同的命题内容。例如：

例句 1：She was safe in the arms of Jesus.（她在耶稣的怀抱中安然无恙。）

例句 2：She went to the paradise.（她去了天堂。）

以上两个例句采用了不同的以言行事方式，但却表达了相同的命题内容，即"她已不在人世。"

例句 3：We will go to the movie theater after lunch.（我们准备午饭后去电影院。）

例句 4：We will go to the shopping centre after lunch.（我们准备午饭后去购物中心。）

在这组例句中，两句话分别表达了不同的命题内容，但却实施了相同的以言行事方式——陈述。

（二）语境信息

交际双方共同的语境信息是开展言语行为的基础，是说话人与听话人相互理解的前提。请看以下示例。

例句 1：I don' t have key.（我没有钥匙。）

就上述句子来说，如果没有具体的上下文语境，这个句子就是一个十分普通的陈述句。但如果将其置于不同的语言环境中，这句话就可以表现出不同的言语行为，传递出不同的语用含义。

1. 表示陈述

I'll go back later tonight, because I don't have key.（我晚点再回家，因为我没钥匙。）

2. 表示请求

Please open the door, because I don't have key.（请开门，因为我没钥匙。）

3. 表示承诺

I promise I didn't touch your things, because I don't have key.（我保证没动你的东西，因为我没钥匙。）

（三）句法结构

在很多语言中人们都可以通过句法结构表示言语行为。在英语中，有一些约定俗成的句法结构表达被用来表示规约性间接言语行为。

1. 疑问句结构间接表示请求、建议、邀请、批评等言语行为

例句 1：表请求

Can you give me a cup of coffee please?（请问你能给我一杯咖啡吗？）

例句 2：表邀请

Why don't you come with me?（你为什么不跟我一起来呢？）

例句 3：表批评

Don't you think this is shameful?（你难道不认为这令人感到羞耻吗？）

2. 陈述句结构间接表示请求、建议、命令、劝说、许诺等

例句 1：表建议

You should work out this problem together.（你们应该一起合作解决这个问题。）

例句 2：表劝说

You should pay more attention to your personal belongings.（你应该十分留意你的随身物品。）

例句 3：表许诺

I promise I will never leave you alone.（我保证永远不会留下你一个人。）

3. 祈使句结构间接表示提醒、请求、警告、妥协等言语行为

例句 1：表妥协

Let him go.（让他走吧。）

例句 2：表提醒、警告

Don't touch the dress.（别碰这条裙子。）

例句 3：表请求

Turn off the TV, please.（请关电视。）

例句 4：表建议

Slow down, please.（请减速。）

4. 缩略结构间接表示提议、请求、反对、不赞成等言语行为

例句 1：表提议

Dumplings?（吃饺子？）

例句 2：表请求

Just two minutes, please!（只要两分钟！）

例句 3：表反对 / 不赞成

Again？（再来一次？）

根据以上示例，在实际的言语交际活动中，陈述句的作用不是单纯的展开陈述，疑问句也不只是可以表示疑问。交际者需要结合具体的语言环境判断说话人的真实意图。

（四）感情意义

所谓感情意义表现，是指说话者在表现言语行为时，由于受到个人情感因素的影响，对所讨论的事物或事件表现出克制、夸张、讥讽等感情，从而使谈话带有不同程度的感情色彩，显得更具感染力，能给交际对方留下比较

深刻的印象。通常情况下，带有感情的言语行为会同会话含义结合在一起发挥作用。接下来以三种常见的感情意义表达为例进行说明。

1. "克制"感情意义

由于想要表示对他人的尊重或其他原因，说话者在表达这类言语行为时不会随意表露自己的想法，而是通过比较有礼貌的、克制的语言表达自己的赞美、同情、评价或批评。

例句1：表赞美、评价

To tell the truth, the scenery here is extraordinary. （说实话，此处的风景非比寻常。）

例句2：表同情

Unfortunately, this little guy lost his mother when he was born. （很不幸，这个小家伙刚出生就失去了它的母亲。）

2. "夸张"感情意义

使用夸张的口吻，可表达说话者的喜爱、赞许、反对等言语行为。例如：

She was, in fact, a woman of forty (a charming age, but not one that excites a sudden and devastating passion at first sight), and she gave me the impression of having more teeth, white and large and even than were necessary for any practical purpose.

事实上，她已有40岁了（这是一个有魅力的年龄，但不是一眼就能让你激情迸发、神魂颠倒的那种年龄），长着一口洁白整齐的大白牙，给我的印象是，牙齿之多已超过了实际需要。

上述作品选自作家毛姆的《午餐》一文，通过使用夸张的手法，毛姆勾勒出了一个虚伪、贪婪的中年妇女的形象，表现出了对她的厌恶之情。

3. "讥讽"感情意义

使用讥讽方式能够表达说话者的不满、蔑视、嘲笑等言语行为。违反合作原则中质准则的反语，就属于此类用法。例如：

Some people drink from the fountain of knowledge; but he just gargled. （别人畅饮智慧之泉，他只是拿来漱口。）

在这个例子中，说话人采用讥讽方式表达了自己对谈论对象的评价，暗示了谈话对象是一个缺乏智慧的人。

第二节　言语行为理论对英语教学的影响与启示

一、言语行为理论对英语教学的影响

（一）言语行为理论对英语教学方法的影响

20 世纪 60 年代初期以来，语言形式、句法关系已经不再是语言学家研究的重点，语言学家将研究的目光投向了语言的内涵、语言的使用方法和社会功能上。例如，社会语言学研究表明，学习语言的人不但应该能够判断某一语言表达是否符合语法规则要求，还必须懂得如何恰当地使用该语言，即在不同的时间、不同的场合、面对不同的对象要使用不同的语言，要注意语言表达的技巧和方式。

语言研究内容和研究方向的转变影响了语言教学方法的转变。从 20 世纪 60 年代后期到 70 年代，各种传统的语言教学法受到了质疑。例如，美国的语言学家和教育学家开始排斥听说教学法；英国的应用语言学家开始怀疑情境教学法的理论设想是否正确；转换生成语法理论也迎来了大量质疑。

在这种形势下，语用学的研究学者提出有必要建立一种可以取代传统语言教学方法的新教学法，即以言语行为理论为基础的交际教学法。交际教学法在英语教学中的使用培养了学生的英语跨文化交际能力，加深了他们对英语形式、意义和功能的理解，提升了学生的英语综合运用能力。

（二）言语行为理论对英语教学大纲和教材的影响

言语行为理论的出现改变了传统的语言教学的内容和语言教学的方法，因此从事教育工作的相关人员就要为这些改变设计新的教学大纲和教材。威尔金斯（Wilkins）以言语行为理论为基础，首先设计出了意念、功能教学大纲，并详细说明了语义——语法种类和交际功能种类。

意念大纲以学习者想要表达的内容为线索，认为这样的大纲设计更符合学生学习语言的需要，因而更有利于培养学生的语用能力。功能大纲是意念大纲的一种表现形式，其教学目标设定为培养语言学习者使用语言实现交际目的的能力。后来威尔金斯的意念、功能大纲发展成为欧洲地区成年人学习外语课程的教学大纲。在 20 世纪 70 年代，语言教学工作者们编写和出版了一系列以此类教学大纲为指导的课本和教材。例如，《标准英语入门》，该书的编写目标就是提高英语学习者的语言交际能力。

二、言语行为理论对英语教学的启示

（一）言语行为理论对英语口语教学的启示

1. 英语口语教学的重要意义

（1）口语教学符合语言与语言教学的发展规律。作为人类交往媒介的英语同大部分语言一样，是一种有声的语言，它有自己独特的发音、书写形式和内涵意义。人们可以使用英语的发音和拼写方式来传递信息、交流思想和沟通感情。在正常的交际过程中，人们通过听力和阅读来获取信息，通过口语和写作来表达信息、传递信息，听力、口语、阅读、写作这四种能力在交际过程中相辅相成，互相促进，都是人类在正常交际活动乃至跨文化交际活动中不可缺少的交际工具。

在外语教学的发展历程中，形成于 18 世纪末期至 19 世纪中期的语法翻译法是历史最悠久的外语教学法，但由于该教学法过分注重语法规则的掌握和使用，忽视了语音和口语的教学，阻碍了学生口语能力的发展和提升，受到了人们地批判。根据语言教学重视实践化的发展规律，口语教学与口语训练应贯穿在整个外语教学的过程中，这样才能促进学生英语综合应用能力的提升。现代流行的外语教学法如"交际法""自觉实践法"等方法均强调口语训练在外语教学中的重要性。

（2）口语教学有助于学生英语词汇的积累。英语词汇的理解和记忆一直是众多外语学习者需要克服的难题，实践证明，单个词的拼写和含义不利于学习者的大量记忆，而语句、段落是有情节的，将单个词放在句子和段落里，多读几遍，就更容易理解单词的含义，也更容易记忆。英语口语教学能帮助学生开展口语训练，学生在口语训练中会接触到很多陌生的词汇和语法，这对于学生积累词汇、熟练运用词汇以及短语来讲十分有益。实践证明，英语表达能力强的学生都擅长通过口语训练积累词汇，并借此提高口语表达能力。

（3）口语教学有助于学生英语语感的培养。要学习英语就必须培养英语语感，语感是构成学习者英语素质的核心因素，英语水平高的人一接触英语话语就能立即领会说话人想要表达的意思，同时几乎能立马根据交谈的实际情况用英语给出自己的回应，这主要是英语语感在起作用。语感能帮助人们不必有意识地去考虑词形变化、句子构成成分等语法因素就能正确地组织语言表达自己的想法。

任何一种语言的语感都不是天生的，而是依靠后天的培养和学习获得的。虽然学习和练习英语语法规则、记忆英语词汇、培养英语思维方式有助于英语语感的形成，但只依靠英语知识和英语思维是无法形成语感的，只有实践才能检验这些词汇知识、语法知识的正确用法。英语口语教学通过开展口语实践活动帮助学生培养语感，这是因为在口语实践活动中，学习者的视觉、听觉等各种感官通过不断接触新的语言材料，积累新的词汇知识，进而对英语的语音、语调、语义及语气产生较为深刻的认识，就这样日积月累，逐渐养成了英语的语感。

2. 言语行为理论观点下英语口语教学的开展

（1）重视文化背景知识的教学。不同的生态环境、社会环境塑造出了不同的民族，不同的民族发明创造了各自独特的文化，反过来，这些文化又影响着这些民族的发展与变化。在不同的民族文化背景下，同一言语行为往往体现出不同的交际功能。由于文化背景的差异，跨文化交际双方常常难以正确理解对方的某些言语行为，进而引发文化误解甚至文化冲突。因此，英语教学内容应该包括英语国家和民族的文化、背景知识的相关介绍，让学生明白由于文化差异，英语的理解和使用依赖于特定的言语交际环境。总而言之，文化背景知识的传授与学习影响着语言输出的准确性，进而影响着跨文化交际的顺利进行，因此英语口语教学要重视这方面的教学。

（2）重视言语形式的多样性教学。任何语言功能的实现都要借助一定的语言形式，为了掌握语言表达的多重功能，实现跨文化交际的目标，英语学习者需要学习和掌握尽可能充分的语言形式。

（3）重视学生认知推理能力的培养。在英语口语教学中，教师要注重学生认知推理能力的培养，因为在言语交际活动中，要想正确理解说话人的间接言语行为，就要依靠听话者的认知推理能力。认知推理能力是指在开展言语交际活动的过程中，听话者能正确认知并推理说话人"言外之意"的能力，只有具备了认知推理能力，了解了说话人的真实意图，才能在接下来的交际中实施正确的言后行为。

要培养学生的认知推理能力，首先要培养学生的基本认知能力。学生拥有了基本认知能力，才能在言语交际活动中理解说话人的字面意思，因此教师要加强对学生基本词义、句型、句意等常见语言表达的教学，在此基础上，结合语境教学、文化教学、跨文化交际教学培养学生的推理能力，使学生不仅能正确推导说话人的"言外之意"，还能正确实施自己的言语行为，表达自己的思想和观点。

（4）重视学生言语交际能力的培养。言语行为理论认为，语言是传递信息、帮助人们做各种事情的工具和载体，只有培养学习者的言语交际能力，帮助学习者区分不同语境下各类语言符号的功能，才能将语言用于"指事、行事和成事"；同时，在言语交际行为中，隐性语境指参与交际行为者的社会地位、社会身份、文化素养以及交际双方之间的关系等影响语言表达的因素，是交际双方在传递信息过程中不得不考虑的因素。

因此，在英语口语教学中，教师要注重对学生言语交际能力的培养，要引导学生掌握在实施某种言语行为时需要注意的事项，包括对话环境、交际对象的身份、对话双方的社会距离、心理距离等。同时要注意交际双方的社交礼仪，遵守礼貌原则和得体原则。此外，教师还要引导学生明确谈话中引导语与真正言语行为的差别。为此，教师要精心挑选适合学生练习的口语材料，通过形式多样的语言技能联系，帮助学生掌握使用的语言表达方法，同时通过中西方文化对比，帮助学生了解不同文化背景下人们的社交礼仪和表达习惯，使他们在具体的语境中准确、恰当地应用语言，为培养学生的言语交际能力奠定基础。

（二）言语行为理论对英语翻译教学的启示

1. 英语翻译教学的重要意义

（1）翻译是学习外语的一种手段。近年来，随着教育理念和教学思想的不断更新，人们对外语教学方法的选择也发生了变化。之前人们更倾向于使用语法翻译法开展教学活动，但随着对英语听说能力的愈发重视，人们又开始倾向于选择听说法开展教学。但实践证明，在学生已经具备一定英语水平的情况下，英语翻译教学有利于提高学生的外语水平和综合英语应用能力。因为只有通过不同语言之间的对比和分析，学生才能更加深刻地了解不同语言的特点，才能掌握英语词汇、语法等语言知识的应用方法。

（2）翻译是开展交际的一种工具。尽管不同学习者学习英语的动机不同，但大部分人还是把英语当作一种交际工具来学的，而使用这种工具及必然涉及翻译。没有翻译，我国就不能与世界各国、各地区在政治、军事、经济、文化、教育等领域展开友好交流与合作，因为不是所有参与这些活动的人员都能直接用英语开展对话，此时只能依靠翻译，尤其是人工翻译来帮忙。

（3）翻译促进文化的交流与融合。自从人类群体诞生语言、文化以来，不同群体之间的信息传达与沟通，文化交流与融合，全都依托翻译来进行。翻译如同一张看不见的网，将不同民族、不同地域的文化编织在一起，在不同民族文化的交流中扮演着极其重要的角色。不论哪一个国家或是民族，只要想与语言不通的其他民族联系，就需要借助翻译的力量，否则就无法学习先进的知识和技术，无法交流文化，从而阻碍自身的发展与进步。

对于我国来说，翻译促进了中国文化与外来文化的交流与融合，这一点在文学作品的译介上体现得尤为突出。学者谢天振曾指出，翻译文学对中国现代文学中主要文学样式的诞生与发展起到了巨大的甚至是决定性的作用，如白话小说、新诗、话剧等。没有翻译，人们也不能欣赏到来自世界各国优秀的文学作品，就会影响到人们的文化学习与文化审美。[①]

---

① 谢天振 . 翻译文字：争取承认的文学 [J]. 中国翻译，1992（1）：19-22.

2. 言语行为理论观点下英语翻译教学的开展

翻译不仅是语言之间的转换，更是文化之间的沟通与交流。在英语翻译教学中，教师必须使学生认识到翻译是一种跨越语言与文化的言语交际行为。言语行为理论的观点认为，译者在开展翻译工作的过程中，不仅要翻译出源语言的字面含义，更要理解并翻译出源语言的深层内涵，弄清说话人的真实意图。而要做到这一点，译者必须熟练掌握源语言民族和目的语民族在思维方式、表达方式、社交礼仪、惯用习语等方面的异同。与此同时，译者在翻译过程中还应注意的一个问题就是中西方文化的差异性以及相关表达的间接言语行为。

例如，在中国的传统文化中，人们对饮食非常重视，因为在古代，吃饭问题是人们生活中的头等大事，所以人们在日常见面打招呼时喜欢问对方"吃了吗"达到问候和寒暄的目的。发展到现代，人们问这个问题的初衷也发生了变化，问"吃了吗"并不是真的想知道对方有没有吃饭，而只是想跟对方简单地打个招呼。如果要翻译成英语，大可不必翻译为"Have you eaten your meal"之类的话，而是简单的一个"Hi/How are you"即可。

又如，中国人在接待客人时往往准备得十分认真，尤其接待外国友人时，各方面安排得都比较细致，基本上是把自己最好的一面呈现给客人，希望客人有好的参观体验。但当外国友人对中国人的接待工作感到满意并表示感谢时，中国人经常给出谦虚的回复，如招待不周、准备工作做得不够好、如有不周之处，还望海涵之类，或者直接表示这是我们的工作，是我们应该做的。这类的场面话在中国文化里是表示谦虚和客气，但如果直接翻译出来，来访者领会到的意思与举办方想要表达的意思可能大不相同，有时甚至会产生误解，认为举办方真的没有用心招待自己。

如将回答"这是我们的工作，是我们应该做的"直接翻译为"This is our work，we must do this"，就会显得有一些官方和生硬，给对方一种"你是出于工作而不是真心想为我服务"的感觉。译者此时应考虑西方文化中回复感谢的表达重点，用"It's my pleasure"或"Glad I could help"进行回复。

又如，送别客人时，中西方都会跟客人说"有时间再过来看我们啊"（Come and see us sometime）。在这一点上，中国人和美国人表达的都是礼貌，是客气，不是真的在邀请，在计划客人下次什么时候来。而在澳大利亚文化中，一旦主人发出这种邀请信号，自己就要认真考虑下次什么时候去玩。造成这种文化差异的原因，是各个民族不同的礼貌文化、不同的民族性格和用词习惯。因此，有时翻译活动要根据具体的交际情境来开展，译者应不断培养自己的跨文化知识和跨文化意识。

总而言之，言语行为理论是语用学领域一个十分重要的研究课题，它在指导如何开展英语翻译教学方面发挥着举足轻重的作用。在翻译过程中，译者对说话者言外之意的理解与表达是翻译能力的核心，所以对言外之意的翻译是译者必须提高的翻译能力。

第三节　言语行为理论在英语教学中的具体应用

一、构建以学生为中心的教学模式

讲授是英语课堂上最常见的言语行为。教师通过讲授英语单词或者文章（言内行为），来呈现英语语言现象，解释英语使用规则，示范英语使用的情景等（言外行为），从而达到使学生学会使用英语（言后行为）的目的，所以讲授在英语教学中起着十分重要的作用，但只有讲授还不能使学生完全地掌握英语。

在传统的课堂教学模式中，教师是课堂教学的主体，负责教学计划的制订、教学活动的设计、教学成果的考核等，学生多是被动地接受知识、消化知识，不用花太多的时间和精力去思考如何总结、归纳和判断。这种以教师为中心的讲授方法一方面削弱了学生参与教学活动的积极性，另一方面也会导致学生对语言知识理解得不深刻、掌握得不熟练。在英语教学中如果长期使用这种教学模式就会导致学生对教师形成学习上的依赖，学生学到的只是"哑巴英语"，学生的英语综合应用能力无法得到有效提升。

当今时代，我国对教师、学生、教学以及教育在社会中应有作用的评价导致了价值取向的教学观念的形成。现在流行的语言课程文献、校本课程发展、行动研究等都属于价值取向的教育体系。其中以学生为中心的教学模式就是价值取向教学模式的突出代表。

以学生为中心的教学模式强调学生价值观的发展、自我意识的提高、对他人的理解能力的培养、积极参与学习活动以及转变学习活动的方式等。这种教学模式下的学生中心教学法则认为学生应该学会自我控制、应尝试自己做出决定并对自己的决定负责。学习者的需要不同，学习兴趣不同，学习方法也不同。在具体的教学实践过程中，教师应该改变以往以教师为中心的讲授式教学模式，让交际活动成为主要的教学方式。当然，这并不是说教师要完全放弃讲授教学模式，而是鼓励教师将讲授与交际活动练习结合在一起，让学生在真实的交际情境中理解言语行为、提高交际能力。

除此之外，以学生为中心的教学模式还认为要想取得最佳的教学效果，就需要各学科专业的教师与同行合作。在教学的各个阶段，同事之间的互动和合作对教师和学生的发展都大有裨益。对学生而言，教师之间的交流有利于教师全面掌握他们的学习特点、学习情况以及其他方面的发展情况，因而有利于教师制定更符合他们学习发展需要的教学计划，促进他们的全面发展。对于教师而言，相同学科教师之间的专业知识交流、教学技巧探讨能促进教师教学水平的提高，促进他们解决实际教学过程中的问题。

二、注重培养学生的跨文化交际能力

跨文化交际能力是指处理跨文化交际实践过程中出现的各种文化问题的能力，如文化差异、文化意识、文化态度、文化情感等问题。受生存环境、历史进程、社会文化等因素的影响，不同语言中对同一言语行为的表达方式可能会有很大的差异，总体来说，这都是由于文化不同造成的差异。学生学习英语的目的之一就是要学会正确认识这种差异，这也是学生跨文化交际能力的一种体现。

在实际的英语课堂教学过程中，教师可以适当引入英语国家风土人情的介绍，发掘英语文化特色，引导学生通过对比了解双方文化的异同，加深对英语民族文化的印象，提高学生使用语言的跨文化交际意识并培养学生得体的社会交际规则。

除此之外，教师还为学生创建接近真实的语言文化交际情境，结合语言教学，可为学生提供创造性使用语言的机会，让学生在英语语言文化氛围中自由地表达他们的思想，组织他们的语言。例如，英语教师可以利用教材提供的话题让学生改编对话进行表演，使学生真切地感受到英语语言文化的特点和魅力。与此同时，英语教师还要引导学生注意影响交际效果的文化细节内容，提升对文化的敏感度，进而提升学生的英语语言综合运用能力。

大量的教学实验研究表明，对英语学习者来说，学习英语最大的障碍是不知道如何理解和表达英语的言外之意。因此，解决这一问题也是英语教学工作的重点。为有效解决这一教学问题，英语教师应在组织和开展教学的过程中，把帮助学生准确把握各种语境下说话人的言外之意作为自己的教学目标。教师不能只解释单词或句型的表面意义，还要解释不同语言形式的深刻内涵以及适用语境，并采用各种教学手段模拟一些真实或接近真实的交际场景，让学生有机会练习和使用这些语言形式，这样做的最终目的也是培养学生的跨文化交际能力，让学生掌握不同文化背景下对话的技巧，领会交际对方话语表达的真实意图，确保跨文化交际活动的顺利进行。

三、采用现代信息技术手段开展教学

近年来，现代信息技术在教育教学领域的迅速发展和普及应用为英语教学活动的开展提供了新的思路和方法。英语教师可以充分利用多媒体信息技术为学生营造英语语言使用的真实语境，让学生在生动、形象的语境中学习和掌握英语。英语教师可以从开发和运用多媒体教学资源、制作和使用多媒体教学课件两个途径出发为学生营造良好的语言学习氛围，进而提高学生的英语语言应用能力。

（一）开发和运用多媒体教学资源

1.多媒体教学资源概述

多媒体教学资源是现代教学资源的重要组成部分，广义上的多媒体教学资源以计算机技术为主导，包括多种媒体教学方式：一方面，教学主体，即学生，可以借助多媒体光盘和网络教学资源获得学习资源；另一方面，教师也会在教学活动中发挥和融合如幻灯片、电子白板、网络视频等在内的多种媒体的特点和优势，构建一个真正意义上的立体化教学资源体系。

就英语教学活动来说，2011 年版的《义务教育英语课程标准》就曾明确指出："合理利用和积极开发英语多媒体课程资源是英语课程实施的重要保证。英语多媒体教学资源是指除了教材之外有利于发展学生综合语言运用能力的其他教学材料、支持系统和教学环境，如录音、录像资料、多媒体光盘资料、各种形式的网络资源等。教师要利用现代教育技术，拓宽学习和运用英语的渠道。"这段话不仅强调了教师要充分利用多媒体教学资源辅助教学活动，提高教学质量，还提出了教师要通过这些宝贵的资源渠道发现并拓展学生学习英语的方法途径。

2017 年版的《义务教育英语课程标准》再次强调，教师要在发挥传统教学手段和教学资源作用的同时，根据教学目标、教学内容、教学条件和学习者的实际情况，积极学习并在课堂上合理利用现代教育技术和教学资源，科学合理地为提高学生的英语学习效果服务。具体而言，就是要积极利用音像、多媒体及网络等现代教学资源丰富教学内容和教学形式，为学生提供利于观察和模仿的真实的语言环境，提高学生的英语运用能力和交际能力。

综上所述，多媒体教学资源就是一个资源库，这个资源库的不同之处在于将现代教育技术作为一种先进的获取资源的手段。多媒体教学资源集文字、声音、图像、视频等多种媒体为一体，体现了多媒体教学直观、形象、多样、新颖、有趣的特点。根据教学目的、教学要求和教学内容，多媒体教学资源为教师开展教学活动创设了声像同步的教学情境、接近真实的教学环境、轻松愉快的教学气氛，使学生能较快地进入学习状态，提高学习的积极性和学习的效率，同时开拓了学生的大脑思维，提高了学生的观察能力、想象能力和创造能力。

2. 多媒体教学资源在英语教学中的开发和运用

（1）提供多媒体教学资源开发保障。在英语多媒体教学资源开发运用的过程中，学校一定要提供相应的保障，此处的保障包括两个方面的内容。一方面是资金上的支持和保障，另一方面是要积极与英语教师进行沟通交流，听取英语教师的意见和建议。学校要做好财政预算，为多媒体教学资源的开发准备好充足的资金，同时重视英语教师的教学资源需求。

英语教师在多媒体教学资源的开发与利用过程中扮演着重要的角色，他们不仅是资源的开发者和利用者，也是资源开发的组织者与评价者，对多媒体资源的开发与利用承担责任，关注学生对多媒体资源的态度以及使用多媒体资源对学生的英语学习产生的影响。如果学校在开发运用多媒体教学资源的过程中不注意听取英语教师的专业意见，就不能及时了解教学实践中的困难与问题，这样不仅不利于多媒体教学资源的有效开发和利用，还会打击英语教师对开展日常工作的积极性。长此以往，可能会使英语教师失去对这项工作的信心。

（2）加强开发多媒体教学资源的意识。英语教师应树立起全面的多媒体教学资源意识。多媒体教学资源是一个全方位、多层次的概念，它不仅包括多媒体课件、配套光盘、音频，还包括语音训练室、英文歌曲、英文影视资源、英文新闻杂志、英文综艺节目等多媒体教学资源。

加强英语教师多媒体教学资源意识的另一有效途径就是培养他们的电脑操作技术和应用技术。英语教师多媒体教学资源开发利用的意识受他们掌握的信息技术、电脑操作技术、专业技能的影响较大。所以各所学校应制定相关培训计划，对英语教师开发运用多媒体教学资源的能力展开统一的培训。具体来讲，首先要对英语教师进行教学媒体数字化处理方面的培训，这是他们需要掌握的最基础的多媒体知识技能，在开展培训的过程中，要考虑不同年龄阶段、不同层次水平教师的差异，最好分批次培训。其次要对英语教师的媒体素材和课件开发技术以及课件制作软件的使用技术进行培训。一般通过以上两种培训就能有效提高英语教师检索、编辑、处理、融合各种多媒体教学资源的能力，提高他们开发和利用课件制作软件的能力，进而加强他们开发和使用多媒体教学资源的意识。

（3）提高开发多媒体教学资源的水平。英语教师在开发和使用多媒体教学资源的过程中会遇到资料丰富多样、难以割舍的问题，此时英语教师需要做的就是根据教学目标删繁就简，选出最合适、最有教学价值的材料。英语多媒体教学资源的开发和利用最终是为英语教学工作的开展服务的，是为提高学生的英语水平服务的，因此英语多媒体教学资源的开发要注意以下四个方面的问题。

其一，提高资源开发的针对性。英语教师在开发多媒体教学资源的过程中要注意仔细筛选材料，选取最合适的材料，增加资源开发的针对性。在确定教学目标和教学方案后，教师就可以搜集、整理和选择资料了。教师搜集和整理的资料一般分为两类。第一类是最常见的，是从外界直接获取的图片、歌曲、视频片段等，这一类资料一般不需要教师进行加工，可以直接使用；第二类则是由教师自行设计和开发的资源，例如，英文动画、视频或情景剧等，这部分资源需要开发者根据教学内容设计脚本，进行拍摄和剪辑。

其二，提高资源开发的趣味性。例如，在高校英语教学中，学生的年龄大部分在二十周岁左右，他们这个年纪对西方文化中的英文歌曲、动画、影视剧等内容还是比较感兴趣的，英语教师要根据学生的身心特点、兴趣爱好以及关注点去开发和利用多媒体资源。在这一过程中，英语教师一定要注意资源开发的实用性和趣味性，枯燥的专业知识资源不能激发学生学习的主动性，甚至还会引发学生的反感情绪，使学生对英语学习敬而远之。只有增强资源的趣味性，才能树立学生学习英语的信心，才能调动学生学习英语的积极性和主动性，帮助学生通过多媒体资源掌握英语知识和技能。

其三，提高资源开发的多样性。在开发多媒体教学资源的过程中，学校还要注意资源呈现形式的多样性，应包括文本、动画、视频、音频、文献资料、课件素材等多种形式，以满足教学多样化的需求。因为资源库将面向教授不同课程的英语教师，不同教学风格的英语教师，所以需要不同类型、不同特点的教学资源。例如，学校在开发多媒体教学资源，建立教学资源库时，可以设计"情境导入""课前预习""语法练习""阅读练习""课后延伸"等模块供教师参考和使用，还可以针对每一课配置相应的"资料包"，其中包括与这节课内容相关的图片、视频、音频、文字、教案设计、教法设计等堵住教学资料。

其四，提高资源开发的实效性。多媒体教学资源的开发最终是为了提高课堂教学的质量，完成既定的教学目标，因此教师在完成教案设计、资料整理后，要将教案的内容和开发、整理的资料运用到教学实践活动中。教师用设计好的教案进行试教，然后根据实际教学效果调整资源的选择和设计。通过反复的试教与修改，资源库的内容设置逐渐优化，教学资源开发的实效性得以提高。与此同时，当学生对某次多媒体授课的效果不满意时，教师需要主动与学生沟通，询问学生的意见和建议，根据学生的学习水平以及学习需求开发切合实际的多媒体教学资源，提高资源开发的实效性。

（二）制作和使用多媒体教学课件

1.英语教学使用多媒体课件的优势

在开展英语教学的过程中使用多媒体课件主要有以下三个方面的优势。

（1）有利于展示多样化的教学内容。在开展英语教学活动的过程中，使用多媒体课件最直观的作用就是方便展示英语教学多样化的教学内容。当今时代，虽然国内各学校选用的英语教材各不相同，但这些教材都体现出一个显著的特点，那就是取材广泛、内容丰富、题材新颖，尤其会涉及很多英美国家的社会文化背景知识，如政治、经济、宗教、风俗习惯等文化背景知识，甚至还会涉及一些科学知识和专业领域知识（如克隆知识、人工智能）。使用多媒体课件，可以将这些文化知识直观且形象地呈现出来，使学生对所学内容的背景知识有所了解，从而更好地理解教材的内容、学习的内容。与此同时，学生还能了解英美国家的语言文化、风俗文化，了解中西文化方面的差异，进而理解汉语和英语的异同，提高英语水平。

（2）有利于改变程式化的教学模式。内容多样、设计合理的多媒体课件，可以为学生的英语学习创设一个良好的学习环境，在这一环境中，图像、文字、声音构建出一个立体的三维空间，方便学生依据不同层次参与教学活动。并且由于改变了传统的程式化教学模式中教师是主体的教学理念，多媒体课件可以很好地激发学生的学习主动性和积极性，提高他们对英语学习的兴趣。大量直观的、有声的、动态的课件内容，将英语语言符号与相应的使用方法同步传授给学生，有利于加深学生对所学知识的应用理解。

（3）有利于体现学生为中心的教学理念。在使用多媒体课件开展教学活动时，英语教师还可以根据学生在课堂上的反应和表现，调整课件播放的速度，了解学生希望掌握的教学重点、难点。由于教师了解了学生学习的速度，因而可以据此安排教学重点和教学进度。通过学生不断反馈的听课体验，教师还可以调整教学过程、重新选择教学方法，最大程度地发掘自己的教学潜能，这些都是"以学生为中心"教学理念的体现。

2.制作多媒体教学课件的重要原则

在制作英语多媒体教学课件的过程中，要遵循以下基本原则（图7-2）。

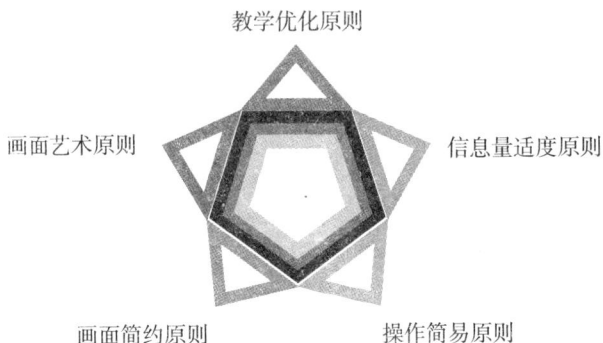

图 7-2 多媒体教学课件制作的重要原则

（1）教学优化原则。在开展英语教学的活动中使用多媒体课件辅助教学的最终目的是改善教学效果，实现教学的最优化。在英语课堂教学中，并不是每一堂课都需要使用多媒体教学课件。使用多媒体教学课件的意义在于其是否能较好地展示教学内容、实现教学目标。因此英语教师在制作多媒体教学课件之前，必须先确定本节课的教学目标，即本节课要讲授哪方面的语言知识，要解决哪些困扰学生的语言问题，要培训学生哪方面的交际技巧，引导学生掌握哪方面的文化背景知识等。然后根据教学目标和教学内容决定是否要制作和使用多媒体教学课件。教师在决定制作教学课件之后，要注意选取传统教学法不易展示或不能展示的知识内容作为多媒体课件的素材，充分利用多媒体图文并茂的优势展示教学内容、优化教学结构，以实现学生对语言知识的理解和掌握，更新学生的语言认知系统。

（2）信息量适度原则。英语多媒体教学课件的制作需要遵循信息量适度的原则，避免可见的信息量过大或者过小。英语教师在制作多媒体教学课件的过程中很容易出现信息量过大的问题。虽然克拉申关于二语习得的"i+1"理论假设认为学习者要保证足够多的可理解输入才能习得第二语言，但这个量也不是没有限度的，相反，多媒体教学要遵循循序渐进的教学原则，尤其在语言教学方面，不能操之过急。[①]

例如，有些教师在介绍短语"The eve of All Saints' Day"（万圣节之夜）时，在课件中添加了很多展示万圣节的历史由来、习俗文化的图片、歌曲、

---

① 许智坚.计算机辅助英语教学 [M].厦门：厦门大学出版社，2015：86-88.

影视作品等，尽管展示的内容地道、丰富，图片精美、有趣，学生也欣赏得十分投入，学习得十分开心，但这并不是教学的重点内容，学生需要掌握的重点内容可能被淹没在众多新信息中，学生的注意力也被这些新鲜的文化知识所吸引，从而无法专心学习其他知识技能。教师只需要在简短的时间内用几张图片介绍一下这个词组的含义即可。但如果这是英美文化课程需要学习的重点内容，那么大量的信息呈现就显得很有必要了。总而言之，英语教师在制作多媒体英语课件的过程中，要时刻谨记教学目标和教学重点，教学媒体和教学课件都是服务教学的方式手段，课件中信息量的大小应该以能否完成教学目标为主要设置依据，做到适量但不过量。

（3）操作简易原则。一般一堂英语课的时间只有四十五分钟，在这四十五分钟内教师既要复习上节课的内容，又要讲授新知识，还要带领学生做练习，因此，英语教师制作的多媒体教学课件应遵循操作简易性原则。评判一个多媒体课件是否符合操作简易性原则可以从以下三个角度出发。

其一，课件的安装或运行快捷，也就是说课件可以相对自由、不受限制的快速安装到任课教室的多媒体设备上，安装后能快速解析、运行。有些课件中的音频或视频素材对播放器有特殊要求，如果任课教室的多媒体设备上没有安装相关播放器就不能正常播放，因此教师要提前确定好播放器的安装与正常运行或者在设置音频、视频文件格式时将其设置为通用格式。

其二，课件操作简单、灵活、可靠，链接保证能正常打开、播放。课件设有目录、菜单，目录与内容之间的链接可靠，教师能轻松找到想要的内容。

其三，兼容性强。此处的兼容性强主要指课件内容运行需要的工具、插件兼容性强，课件中使用的字体也应该是最常用的、可以正常显示的，课件能够与多媒体设备中的硬件系统和软件系统兼容，以防止运行过程中出现死机的现象。

（4）画面简约原则。在制作英语多媒体教学课件的过程中，教师要遵循课件画面简约原则。多媒体教学课件画面要保持简约的主要目的在于使课件在吸引学生注意力的同时不会出现过多干扰学生注意力集中的、与教学内容无关的信息。教师在制作多媒体课件的过程中要使课件画面保持简约可以从以下三个方面进行。

其一，画面布局突出重点。多媒体课件的画面布局需要突出教学重点，使学生的注意力集中在教学重点内容上。要突出画面上的重点，教师需要做到以下几点：放在同一画面上的教学内容（不管是文字还是图片）不能太多；要少用一些装饰性的图片；尽量不使用动态效果的标题或图案；注意插入的音乐随时可以关闭等。

其二，画面文字数量控制在合理范围内。使多媒体课件保持画面简约的另外一个重要操作就是控制画面上的文字数量。因为过多的文字不仅会使学生产生视觉疲劳，对他们在短时间内的理解和消化吸收来讲也是一个挑战，并且不利于他们静下心来感知语言学习的过程。因此，除了阅读性的材料外，有关知识讲解的内容每页最多十二行；在字号设置上，汉字不小于24号，英文不小于28号。

其三，在切换不同页面的时候选择的动画效果也应以简约为主，避免过于烦琐，占用放映的时间；同一页面上文字图片的显示、跳转最好"浅入浅出"，不要过于花哨；文字、图片显示和页面切换时还要控制好背景音效，避免声音出现得很突兀。

（5）画面艺术原则。英语多媒体教学课件不仅应该体现出简约特点，还应同时兼顾艺术效果，做到简约性与艺术性的和谐统一。具有较强艺术表现力的多媒体教学课件不仅能取得较好的教学效果，还给学习者以美的享受，使学习者在接受知识教育的过程中保持良好的情绪和心态。这就要求英语教师在制作课件的过程中注意课件画面的色彩搭配要合理、要和谐，课件的结构设置要生动且匀称，课件的声音效果和动作展示要流畅。也就是说，最终制作出来的课件要以简约为主要特征，同时也要兼顾艺术性。

3. 多媒体教学课件的合理使用

合理的制作和使用多媒体教学课件有助于提高学生学习的主动性，提升教学效率，但如果使用不当，不仅不能改进教学方法，提高教学水平，还会使多媒体课件备课成为教师的负担、抑制学生的创新思维发展。因此，高校英语教师在使用多媒体教学课件的过程中，还要注意以下使用事项。

（1）不要把多媒体课件当成图片展示课件。首先，英语教师在使用多媒体课件的过程中要注意图片的选择和应用，不要把多媒体课件当成图片展示课件。这主要是因为多媒体课件教学不应是花哨、不实用的图片展示，而应是实用的、有教学价值的图片的充分利用。有些教师为了渲染气氛、引出学习主题，会在多媒体课件的开始展示十几张漂亮的图片，这种做法实际上是没有必要的。英语课教学中，图片的展示是不可缺少的，但必须使图片发挥其真正的教学价值。在选择图片时，要精选图片，尽量实现"一图多用"，即一幅图能为教师和学生提供多个对话的条件。

（2）不要让多媒体课件完全代替黑板。之前英语教师的课堂板书也是课堂教学设计的重要组成部分，漂亮的板书吸引着学生在课堂上的注意力。但板书的设计和应用能灵活地向学生展示所需要的教学内容。

学生需要针对课上老师讲的重点和难点内容做好笔记，建构好自己的知识体系。在多媒体课上，一般教师上课的节奏会比较快，多媒体课件的展示也会比较快，屏幕上的重点内容常常还没有记完笔记，这一页就已经翻过去了。而精美的板书设计是英语教师教学风格和教学个性的彰显，尤其英语教师优美独特的文字书写对学生有较强的吸引力和感染力，属于是师生之间一种潜移默化的交流。因此本书认为在使用多媒体课件进行教学的过程中，广大英语教师也应保留精致的板书，这不仅是教师魅力的彰显，也是教学能力的一种体现。

（3）不要让教师成为"放映员"。在使用多媒体课件开展教学的过程中，英语课堂教学中的一些基本环节都有相应的课件，例如，展示（presentation）、练习（practice）、巩固（consolidation）等环节。有了这些课件，似乎也不需要教师做太多的解说，一切都会按照课件展示的顺序进行，教师在这个过程中的角色更接近一个课件的"放映员"。

人与人之间的自然语言是最具有亲和力、最容易被人接受也最灵活的语言，因此教师和学生在课堂上的互动、交流才是最有效的教学途径，是教学效率最高的途径。英语作为一门实践性和交际性突出的学科，更加注重学习者在学习过程中的表达与交流。这种表达与交流具体指的是教师和学生在特定的情境下充满感情的相互交流，而不是学生与多媒体电脑之间机械、刻板的信息传递与接收。

所以说，英语教师在使用多媒体课件进行教学的过程中，要时刻注意自己的教师职责和教学任务，不能过分依赖于多媒体课件的教育功能，要注重与学生的实时交流。

（4）不要忘记关注学生的学习状态。在多媒体信息技术日益发达的今天，有一些老师倾心于多媒体课件带来的模式化、便利化教学条件，选择在课堂上尽可能多地使用多媒体，而教师沉迷于课件的放映和讲解，没有及时关注学生的学习状态，这在以学生为主体的课堂教学的今天，无疑是十分不恰当的做法。因此英语教师在使用多媒体课件开展课堂教学活动中，除了要保证课件的放映和讲解无误，还要时刻关注学生在每个环节的学习状态，确保他们能理解课件的思路和内容。

综上所述，教师制作和使用多媒体教学课件的最终目的在于实现教学的最优化，每一个教学课件都是为课堂教学服务的，都是以教学目标为指导、以教学内容为依据的。所以教师在制作课件时要认真考虑教学主题，处理好课件内容和课件表现形式的关系，保证形式是为内容服务，内容为教学服务，不能片面追求表现形式的复杂和华丽，分散学生的学习注意力，弱化教学效果。此外，教师还要处理好教师、学生与课件在课件教学中的关系。教师是课堂教学的主导者和课件的演示者、讲解者，学生是课堂教学的主体，是教学活动的参与者和知识的接受者，课件是教师用来辅助教学活动开展的手段和工具，课堂教学的优化和高质量的教学效果是教师追求的教学目标。

第八章 其他认知语言学因素在英语教学中的应用

第一节 情感因素在英语教学中的应用

一、情感因素的内涵

情感是大脑的一种机能，情感也是由于人们对某一事物或事件的主观感受不同而产生的内心变化，伴随着内心的变化，人们的情感也会体现在言语行为中。情感的发展变化，尤其是情感机能和情感品质的发展变化，是影响个人成长发展的重要因素，积极的情感变化可以促进个人的成长，提高个人适应社会的能力。在教学中，情感因素属于影响学生学习的非智力因素，作为重要的非智力因素，情感对语言习得策略、习得效果影响明显。

情感与态度有着密切的联系，此处简单介绍一下态度的概念。态度是一个人对待外在事物、活动或自身的思想行为所持有的一种向与背、是与非的概括的倾向性。对态度进行分类，主要有两种分法，即肯定态度和否定态度，积极态度和消极态度。尽管情感与态度联系密切，但二者并不能等同，情感与态度还是有较大的差别的。

将情感因素进行分类，可分为积极情感和消极情感两类。在教学过程中，影响学习者学习效果的情感因素既包括起促进作用的积极情感因素，如态度、动机、性格、自尊心等情感因素，又包括起阻碍作用的消极情感因素，如焦虑、自我抑制、自我否定等情感因素。

二、情感因素对英语教学的重要性

（一）有利于增强教学效果

大量的教学实践证明，情感因素在二语习得的过程中发挥着不可替代的作用。很多学习者都是受情感障碍的影响才没有学好英语。因此，在开展英语教学的过程中，教师要时刻关注学生的情感状态，注重与学生的情感交流。因为如果学生正处于消极情感的影响下，那么他的学习状态、学习效率就会十分低下，此时无论多么优秀的教师、多么有趣的教材、多么丰富的教学方法都无法吸引学生的注意力，学生的学习潜力也不容易被激发，教学效果因此会大打折扣，教师也不会有好的教学体验。相反，如果学生正处于积极情感因素的影响下，如学生正处于自尊、自信、愉快、学习动机强烈等情感因素的影响下，他们就会愿意配合教师参与学习，就会集中注意力认真学习，此时教师精心准备的教学内容、教学方法才能发挥作用，才能营造良好的课堂气氛。

英语教学是一门有关语言学习的课程，学习语言最主要的是在交际中使用语言，因此英语教学最重要的环节就是让学生在教师的引导下用英语进行互动。课堂是教师教学、学生学习、教师与学生沟通交流的重要场所，所以在课堂中形成的师生关系、生生关系以及由此形成的课堂气氛对英语学习的效果有着重要的影响。因此，教师要认真思考，想办法与学生沟通，了解他们学习英语的困惑与疑问，帮助学生解决学习中遇到的困难。只有这样，教师才能提高学生学习的积极性，激发学生学习英语的潜力，进而取得较好的教学效果。

（二）有利于学生的全面发展

从某种意义上来说，情感教学不仅是英语教学，即专业学科教学的重要组成部分，还能超出教学领域，在促进学生人格的全面发展方面发挥作用。事实证明，要想实现学生的全面发展，教师不仅要关注学生的学业成绩和知识技能掌握程度，还要关心学生的个性发展和人格塑造。如果高等教育对学生个性、人格的培养不够关注，就不利于学生的健康成长和全面发展，其结果不仅无益于个人，更无益于社会，无益于国家。

英语教学应该同其他学科教学一样，把促进学生的全面发展作为最终的教学目标。英语教师在开展教学的过程中，应不断激发并强化学生的学习兴趣，并引导他们将暂时的兴趣转化为稳定的学习习惯，帮助他们养成自主学习、终身学习的意识，拥有克服困难的意志，认清自身学习的优势和劣势，同时学会通过团队合作完成学习任务，拥有积极向上、健康阳光的心理。

三、影响英语教学的情感因素

（一）焦虑

焦虑是影响学生学习英语的重要情感因素之一。学生焦虑情感的存在并不是百害而无一利。事实上，学生需要有一定程度的焦虑情感。心理学研究发现，焦虑水平与学习成绩之间的关系呈现出"U"型的状态。焦虑水平过低说明学生对学习的关注度不够，学习这件事没有带给学习者一定的紧张感和压力，这将不利于学习者主动参与学习，提高学习水平；而焦虑水平过高，精神过度紧张，把学习看得过于重要，也会影响学习者的思维和心态，甚至影响学习者的生理功能和心理健康，不利于学习者的成长与进步；只有处于适度焦虑水平的学生才能激发出内心的学习动机，化压力为动力，进而提高学习效率，取得较好的学习效果。

因此，在开展英语教学的过程中，教师要利用好焦虑情感因素对学生学习英语的促进作用。对此，教师要从两个方面出发。

一方面，教师要减轻学生的焦虑，要容忍学生在学习英语尤其是用英语表达时犯错误，并鼓励学生正视自己的错误，引导学生改正错误。因为学习英语是一个漫长的内化过程，学生从一开始只会使用母语发展到后期能成功掌握一个新的语言系统，这中间会经历很多阶段，在各个阶段中，学生所使用的语言都是一种过渡性语言，它既不是源语的翻译，也不是未来需要掌握的目的语。这种过渡性语言难免会存在一些错误，如词汇错误、语法错误和语言错误等。对于以上各种错误的分析，是二语习得研究的重要课题，因为通过对以上错误的分析，教师可以推测出学生的学习策略，而这些策略也正是导致学生产生这些错误的原因。此处主要分析了两个方面的原因。

第一个原因就是迁移，很多人认为迁移是造成外语学习者犯错误的主要原因，但实际上因为母语干扰产生的错误在所有的错误类型中只占一小部分。第二个原因就是过度概括。所谓过度概括是指外语学习者总结概括出所学过的一些语言结构，然后在此基础上创造出一些不正确的结构。

对待学生在外语学习过程中产生的这些错误，有两种极端的做法是教师们应该避免的。一种极端的做法是把学生犯的每一个语言错误都看得十分严重，这样做的理由是教师认为学生在学习语言的初期一定要掌握最正确的语言知识，如果对学生的语言错误放任不管，一旦学生养成习惯就很难改过来了。这种想法本质上是没有问题的，但错就错在教师在讲授英语知识的实践过程中不应抓住学生的错误不放，不应反复强调某一同学具体犯了什么错误，这样的做法没有很好地保护学生的自尊心和积极性，让学生处于过度焦虑的状态，时间长了他们可能就不愿意学习英语了。另一种极端的做法是对学生犯的语言错误视而不见，完全不予以纠正。这样做的理由是教师认为语言的学习最重要的是熟能生巧，只要多听多练就能掌握正确的用法。这种方法借鉴的是母语学习者学习母语的方法，但现实中不能向学生提供母语学习者的语言学习和语言练习环境，因而这种方法不利于培养语言的准确度。

在学习英语的过程中，出现语言错误是很正常的事情。每一名语言学习者，都会经历一个不断出错又不断纠错、不断改正的过程，没有这个过程的洗礼就不能真正掌握这门语言，就不能达到流利表达的语言水平。因此，教师要不断鼓励学生努力表达自己、展示自己的语言水平，即使是"支离破碎"的表达，也要耐心倾听，并给予足够的尊重。教师要坚持用自己专业、准确的表达影响学生、引导学生，当教师发现学生的表达存在语言问题时，要在肯定的前提下进行必要的纠正，保证学生下次不会犯同样的错误。

最终，教师要让学生明白，在获得语言能力的过程中，人们都会犯错误，犯错误并不是一件丢人的事，如果因为害怕出错而停止前进，那么将无法提高自己的英语水平；与此同时，英语教师还要注意鼓励学生积极参与各类英语活动，如英语歌唱比赛、英语演讲比赛、英语话剧表演、英语诗歌朗诵表演等，大胆地展现自己的风采，对他们的进步给予及时的肯定，让他们不断收获信心，随时感受到成功的喜悦和未来的无限可能。

另一方面，教师要让学生有适度的紧张感，使他们必须付出一定的努力才能完成某个学习任务，以此激发他们的学习潜能，取得较好的学习效果。定期检测学生的学习效果也是让学生保持适度焦虑的有效方法。学习效果的检测具有反馈信息的作用，通过效果检测，学生能够知道自己在学习上取得了多大进步，在多大程度上达到了目标，从而进步激发学习动机。及时了解学生的学习效果会产生很大的激励作用，及时检测、及时强化，这是有效运用检测手段的一条基本要求。检测的方式很多，可以是书面的，也可以是口头的；可以用考试作为检测手段，也可以用平时的课堂发言、日常交际作为检测手段；可以由学生自己进行，也可以由班级、学校等统一进行。如果检测结果较好，可给予学生一些奖励。通过对学生学习效果的检测和检测后的奖惩措施，刺激学生自主学习英语的动机。

（二）动机

根据相关研究表明，动机在影响外语学习的主要因素中占比 33%。所谓动机，就是对某种活动有明确的目的性以及为达到该目标而做出一定的努力。对外语学习者来说，想要学好一门语言，首先要有强烈的学习愿望，继而产生学习的动力，最后付诸行动。

要培养和激发学生的英语课堂学习动机，首先要了解动机的概念。事实上，一个完整的动机概念由三方面的因素组成，即动机的外在诱因、内在需求与自我中介调节作用。具体分析，动机就是在自我调节功能的作用下，协调自身的内在需求与行为的外在诱因，从而发挥激发和维持行为动力因素的作用。

1. 内在需求的培养与激发

动机来源于学习者的内在需求，因此教师要从学生的内心世界出发唤醒他们学习的状态。将学习者的内在需求与学习目标联系在一起，就能将学习者的基本需求状态转化为唤醒状态，进而形成具有一定能量和方向性的驱动力。驱动力是做出行为的直接动因。在实际的教学活动中，教师要引导学生通过仔细认知和理解自己的学习目标来加强学生的内部唤醒状态，进而提高其学习的内部驱动力。如果英语学习者能成功开发出这种学习动机，那么他们的英语学习就能持久，就不会轻易放弃，也正因为他们的内心深处对英语学习有坚定的想法，他们在学习过程中不容易受外界的干扰，比较能集中精力和注意力。对于英语教师而言，他们需要做的就是根据教学目标和教学内容，搜集整理相关资料信息，为学生创设英语学习的语言情境，帮助学生丰富语言应用知识，不断激发学生的学习需求和学习兴趣。

2. 外在诱因的设置与运用

动机的外在诱因主要是指针对学生设置的行为目标和奖惩办法。英语教师在开展英语教学活动的过程中要根据学习者个人的具体情况设置教学目标，教学目标的水平要高于学生现有的英语水平，既要让学生感到有挑战性又不宜过于困难，并且可以结合学生的学习目标设置，只有这样才能有效调动学生学习的积极性，让学生在完成目标的过程中体验成功的快乐，并形成长期学习目标奋斗的动机。在增强学习效果的方法形式中，表扬起到的作用要远远大于忽视、批评等否定形式起到的作用。因此在教学活动中，英语教师要多关注那些自信心不足、害怕失败的学生，要鼓励他们的学习能力和进步表现。虽然在教学过程中惩罚学生的目的是帮助学生克服学习过程中出现的注意力不集中和学习不努力的行为，但惩罚行为往往会伤害学生的自尊心和敏感情绪，引起学生的不满，因而不适合经常使用。

3. 自我调节能力的培养

自我调节是连接和协调动机的内在起因与外部诱因的中介桥梁。教师在开展教学活动时要对学生的学习效果有合理的预期，学生也要对自己的学习行为有合理的预期，根据预期来调整自己的学习行为、学习目标和学习方法等，使学习的行为方案符合自己的内在需求；教师在教学过程中则需注意及时向学生反馈他们的学习效果，让学生时刻掌握自己的学习水平和进展，从而清楚自己的定位，调整自己的学习动机和学习目标。

4. 结果成败归因的训练

所谓归因，就是个体对自己或他人行为结果产生的解释或推论。在开展学习活动的过程中，每个学生都会体会到自己的学习行为带来的成功或失败，也能用各种理由解释自己的成功或失败。归因判断是否得当，直接影响到学生的学习心态和自我能力判断。如果学生把失败归因于学习方法不当、努力程度不够时，那么他们就会尝试改变学习方法或者更加努力地学习；如果学生把失败归因于自己的学习能力和智商，那么他们可能就会对自己失去信心。

因此，英语教师要让学生对自己的智商和学习能力具有充分的自信，指导学生总结学习成功或失败的经验教训，成功的经验值得表扬和继续坚持，失败的经验也十分宝贵，要引导学生客观评论失败的原因并吸取经验教训，争取下一次不会犯同样的错误，培养良好的归因心理。通过这种训练，改变学生的归因方式和分析问题的角度，从而提升学生学习英语的自信心与积极性。

（三）移情

所谓移情，是指从别人的角度看待问题的一种行为和意识。移情是创建和谐人际关系的重要影响因素。但移情并不代表鼓励人们放弃自己的情感，也不是一定要抛弃自己的想法，同意他人的观点。在英语课堂教学开展的过程中，和谐的师生关系是营造良好教学氛围的基本要素，如果教师和学生之间缺乏了解，彼此之间过于生疏，那么教师的教学行为必然受阻，课堂气氛必然沉闷。因此，在英语教学中，教师和学生都要培养自己的移情能力。对于英语教师而言，要发展自己的移情能力就要注重与学生的沟通与交流。

现代教育教学理论已经不再把教学看成知识输出和接受的过程，而是师生之间交流和对话的过程。所以，国内有学者提出"教育即交流"的命题，认为教育的过程实质上就是师生沟通的过程。在日常教学中，同一堂课，相同的教学内容，面对相同的学生，有的教师教授起来得心应手，有的教师的课堂却死气沉沉，其主要原因是教师沟通能力存在差异，无效或低效的沟通直接影响了教师的教学效能。

英语教学尤其需要沟通和交流。学生英语能力的提升往往需要师生之间的充分互动。互动的过程其实就是沟通交际的过程。如果教师缺乏此方面的能力或此方面的能力不强，教学效果的不理想是可想而知的。教师要实现有效的沟通和交流，必须从心底树立以学生为本的思想，在教学中充分发扬民主精神，公平地对待每一位学生，耐心倾听每一位学生的心声，同时要注意不把自己的看法和观点强加给学生，要多站在学生的角度考虑问题。除此之外，如果教师掌握了较好的沟通技巧，也能让学生乐于沟通，乐于参与课堂学习，进而抛开思想包袱，全身心地投入课堂学习中来。实践证明，具有充分有效沟通和交流的教学才是有效的教学，具有有效沟通和交流能力的教师才能真正胜任英语教学工作。

四、其他情感因素对教学的启发

（一）教师对英语教育工作的热爱与专注

教师是学生成长的关怀者，是学生学习的引导者，更是学生时刻关注、模仿的对象，因此教师更应该以身作则，不仅要培养自己对教育工作的专注与热爱，还要时刻关注学生、尊重学生、信任学生，只有这样才会使学生对教师产生信任与尊重，才能激发学生学习的动力。

英语教师要培养自己对英语教育工作的热爱与专注，可以从以下几个方面入手。

首先，英语教师要不断提高自身英语水平和授课技巧，尽可能创造有利于学生学习的条件；在平时的备课过程中，英语教师要努力扩大自己的知识面，寻找各种形式的补充材料，以弥补教材的不足，激发学生的兴趣。与此同时，具备正确的职业观和职业道德，也是一名优秀英语教师的基本素质。只有具备了正确的职业观和职业道德，英语教师才会全身心投入教学，努力提高教学水平，积极地针对教学过程中的问题和困扰自主寻找答案，做到使学生满意，使自己问心无愧。

其次，英语教师要积极展现对学生成长的关心和对学生意见的重视。因为学生的成长体现着教师的价值，是教师生命的无限延伸；学生的意见是学生内心的真实想法，是影响教学的重要因素。在日常的教学中，尽管学生也有让老师烦心的时候，但是他们的点滴进步是对老师最好的回报。因此英语教师要热爱自己的每一个学生，对所有的学生要一视同仁。一个班级的学生来自不同的家庭，每个家庭都有自己独特的情况，每个学生也有自己的个性特点，教师要平等地对待每个学生，不偏袒自己特别喜欢的学生，也不歧视自己不喜欢的学生，要对学生充满爱心，以构建和谐融洽的师生关系。

再次，英语教师除了要热爱自己的岗位，关心自己的学生，还应该树立正确的专业认同感和专业发展意识。专业认同有助于教师明确自身的定位，以专业身份的标准来自我要求、自我管理、自我约束和自我规划。教师一旦树立了专业发展的意识和专业认同感，就会把自己看作专业发展的主体，不断谋求自身发展的动力和途径，就不会满足于现有的知识储备和教学水平，更不会安于现状、墨守成规、故步自封，而是会以发展的眼光审视变化的教学环境、教学目标、教学对象和教学内容，在实践中不断更新理念，提升教学和科研水平，把英语教学和研究当作实现个人理想的终身事业来完成。相反，如果教师缺乏对职业的专业认同感，就会迷失职业生涯的目标，缺乏发展的动力，失去工作的激情。

最后，在开展教学工作的意志方面，英语教师要具有克服教学困难的勇气和决心。学生在学习英语的过程中会出现各种各样的问题，许多问题是无法从书本中找到答案的。英语教师在教学过程中也会遇到各种各样的困难，其中有些困难是可以预料的，有些是意料之外的，这就需要教师培养自己良好的意志，不断地在教学实践中探索解决问题的方法。英语学习是一个漫长的过程，世界上没有一种所谓的速成秘方，能够使学生迅速地学会英语。这需要学生有恒心，也需要教师具有持之以恒的意志。这种持之以恒的意志还表现在教师自身的提高方面。一个优秀的教师需要在教学实践的过程中不断地发现问题、解决问题，不断地通过学习，研究提高自己的教学水平。

（二）如何对待不同情感特征的学生

众所周知，每个学生都是独特的，他们具有不同的情感特征。而不同的情感特征导致他们有不同的学习风格。教师应针对不同情感特征和学习风格的学生采取不同的教学方式。例如，在开展英语教学的过程中，既有外向型学习风格的学生，也有内向型学习风格的学生。通常情况下，外向型学习风格的学生性格开朗、擅长和别人沟通、交流，兴趣爱好也十分广泛，在课堂上，他们会积极响应教师的提问，踊跃参与教师组织的学习活动，在学习英语的过程中，他们会勇敢地表达自己的观点和疑惑。内向型学习风格的学生性格内向，擅长独处，不擅长社会交际，兴趣爱好也相对较少，在课堂上，他们也习惯独立思考，不太愿意参与讨论、辩论；在学习英语的过程中如果遇到什么问题也不擅长表达。在这种情况下，英语教师应尊重不同情感特征学生在学习风格方面的差异。由于每一个学生的学习风格都是独一无二的，因此教师应该根据学生的学习习惯和学生乐于接受的学习方式设计教学活动，培养他们的学习兴趣，激发他们的学习动机。

教师应为学生提供更多的人文关怀。教师应该以公正、平等的态度对待每一位学生，不因为学生基础水平、性格特征、学习风格等方面的差异而差别对待；教师应该让学生感受到教师对他们的关爱和对他们学习生活的关心；教师的这种关怀和爱心有利于培养学生对学习的兴趣，巩固师生之间的感情。

第二节　文化因素在英语教学中的应用

一、语言与文化

（一）文化的定义

文化一词源起于西汉，刘项《说苑·指武篇》中，将文化定义为古代封建王朝的教化。在社会的不断发展和进步下，文化一词被赋予了多重含义。如拉丁文"cultus"中的文化一词常被理解为开发和开化，德语"kultur"则重点指代精神教化中的宗教文化内容。英语中的"culture"则重点指政治、教育和法律，与人的社会生活相关。到了1843年，德国人克莱姆首次在《普通文化史》一书中使用"文化"一词来指代人类生活的风俗、宗教、科学、艺术等方面，这已与文化的现代意义十分接近。此后不同时代、不同文化背景下的研究机构或学者纷纷给出了自己对文化的定义。

1.字典释义

《辞海》从广义和狭义两个角度来对文化进行定义，广义文化即全文中所指的人类历史发展进程中物质财富和精神财富的创造。狭义文化即社会制度和管理组织结构变化等，更加看重社会意识形态变化。《牛津简明词典》则从艺术角度对文化进行了定义，将文化看作智力产物，并以深层文化即文学、艺术和政治等具体内容来对文化进行表述。《美国文化词典》从艺术、信仰以及风俗等角度将文化定义为人类工作和思想的整体产物，且将文化具体分化分为两个部分，即深层文化和浅层文化，深层文化为行为艺术下的精神发展，浅层文化指传统、风俗和行为习惯等文化的日常体现。

2. 国外学者释义

英国人类学家玛丽·道格拉斯（Mary Douglas）认为，任何文化都是一系列相关的结构。它包括社会形态、价值观念、宇宙哲学和整体知识体系。通过它们，所有的经验都能得到调和。[①]

美国文化人类学家 S. 南达认为，文化作为理想规范、意义、期待等构成的完整体系，既对实际行为按既定的方向加以引导，又对明显违背理想规范的行为进行惩罚，从而遏制了人类行为向无政府主义倾向的发展。[②]

美国文化人类学家、解释人类学倡导者克利福德·格尔茨（Clifford Geertz）认为，文化概念既不是多重所指的，也不是含糊不清的：它表示的是从历史上留下来的存在于符号中的意义模式，是以符号形式表达的前后相袭的概念系统，借此人们交流、保存和发展对生命的知识和态度。[③]

3. 国内学者释义

梁启超："文化者，人类心能所开掘出来之有价值的共业也。"[④]

梁漱溟："俗常以文字、文学、思想、学术、教育、出版等为文化，乃是狭义的。我今说文化就是吾人生活所依靠之一切，意在指示人们，文化是极其实在的东西。文化之本义，应在经济，政治，乃至无所不包。"[⑤]

钟敬文："凡人类（具体点说，是各民族、各部落乃至于各氏族）在经营社会生活过程中，为了生存或发展的需要，人为地创造、传承和享用的东

① 道格拉斯 . 洁净与危险 [M]. 黄剑波，柳博赟，卢忱，译 . 北京：民族出版社，2008：159.
② 南达 . 文化人类学 [M]. 刘燕鸣，韩养民，译 . 西安：陕西人民教育出版社，1987：46.
③ 格尔茨 . 文化的解释 [M]. 韩莉，译 . 南京：译林出版社，1999：109.
④ 梁启超 . 梁启超论中国文化史 [M]. 北京：商务印书馆，2012：1.
⑤ 梁漱溟 . 陈政，罗常培 . 东西文化及其哲学 [M]. 北京：商务印书馆，1922：1.

西，大都属于文化范围。它既有物质的东西（如衣、食、住、工具及一切器物），也有精神的东西（如语言、文学、艺术、道德、哲学、宗教、风俗等），当然还有那些为取得生活物资的活动（如打猎、农耕、匠作等）和为延续人种而存在的家族结构以及其他各社会组织。"①

根据以上学者对文化定义的阐释，可以看出文化是人类精神和物质生活的总和，它包罗万象，存在于历史发展的进程之中，为文化共同体全体所享有。但文化又是多元发展的，因为民族和地域的差别，中西方文化有不同的价值取向和精神内涵。这一点从中西方语言文化的差异可以看出来。

（二）文化的特征

文化的特征主要体现在以下四个方面（图 8-1）。

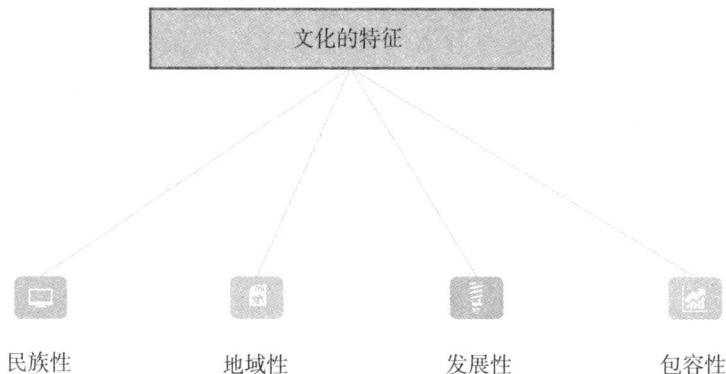

文化的特征

民族性　　　　地域性　　　　发展性　　　　包容性

图 8-1　文化的特征

1. 民族性

文化是某一特定群体长期共同生活和交往的产物，特定群体经常以族群的方式呈现，因而文化具有明显的民族性特征。由于不同的民族生存发展的环境存在较大差异，因此其积累的文化以及文化传播的方式也会存在一定程度的差异，民族文化鲜明的特征就此形成。可以说，文化是以种族或民族为中心的，文化首先是某个民族的，其次才是属于全人类的。

---

① 　钟敬文.话说民间文化 [M].北京：人民日报出版社，1990:35.

2.地域性

文化不仅有鲜明的民族性特征，还呈现出很强的地域性特征。文化伴随着人类的诞生和发展而出现，而人类诞生于不同的地域，因此文化一出现就被烙上了鲜明的地域印记。虽然现在文化的发展呈现出相互影响、多元共存的趋势，但仍然存在相对的地域界限，不同的地域文化有东亚文化、中东文化、欧洲文化、非洲文化、拉丁美洲文化等。

3.发展性

文化的稳定性是相对的、有条件的，但其发展性却是绝对的、必然存在的。文化的发展性突出体现在不同文化在交流与碰撞的过程中发生的变化。具体分析，世界各国、各地区之间的贸易往来和互联网技术的普及应用为各民族文化的交流与碰撞创造了条件，不同文化在相互交流、碰撞的过程中遇到了新的挑战，也迎来了新的发展机遇，实现了自我提升与超越。接下来以中国文化的现代化发展为例分析文化的发展性。当今时代，中国文化的现代化发展主要受两种文化的影响。一个是外来的西方文化，另一个是自身的传统文化。

（1）西方文化影响下中国文化的发展。伴随着改革开放的推进和深入，以往所有制的形式发生了改变，利益的主体也呈现出多样化的趋势，以上种种变化必然会引起人们文化观念上的变化。与此同时，西方国家作为现代化的起点与中心，其倡导的各种文化观念、生活方式等意识形态正通过各种渠道传入中国，呈现出中西方文化相互碰撞的文化生态格局。针对这种现象，人们提出了不同的观点。有些人支持民族文化的独立性，强调弘扬中华文化；还有一部分人主张学习西方文化，认为西方文化中包含新时代人类发展需要的重要因素。在这种情况下，教育者必须坚持马克思主义的指导地位和社会主义文化价值观念不动摇，认清中国文化在现代化发展道路上必然会受到西方文化影响的事实。

站在历史发展的角度分析，中西方文化存在巨大冲突，但不用过于强调中西方文化的冲突而忽略二者的相互学习、相互借鉴与相互吸收的过程。尤其是中国文化，更是应通过积极地学习西方文化的优点来创新自己的文化。

（2）传统文化影响下现代文化的发展。在中国，传统文化与现代文化的分立是以"儒家文化与文化现代化"的形式体现出来的。其中儒家文化作为中国传统文化的核心组成部分，它所提出的很多重要思想被西方国家视为中国文化的代表。文化现代化是整个现代化过程的重要方面，同时也体现在社会现代化、经济现代化和政治现代化的各个层面。事实证明，儒家文化的很多思想在促进中国文化现代化的发展进程中能发挥有效的促进作用。这一点可以从以下几个角度出发展开分析。

第一，儒家文化中的一些重要思想如仁爱、孝道、礼义廉耻、谦恭等经过辩证否定，推陈出新，与文化现代化的发展需要相结合，仍具有借鉴意义。

第二，儒家文化提出的教育理念和教学方法曾促进了中国古代教育事业的发展，一些教育观念如"有教无类""因材施教""学而时习之"对现代教育教学活动的开展仍具有借鉴意义。

第三，儒家文化在中华民族几千年的历史发展进程中，已经同中华儿女的民族心理、民族性格、思维方式、生活方式建立起紧密的联系，儒家文化倡导的行为素质已成为中国人的显著特征，这些特征已经深深扎根于中国人民的血脉之中，因此不会轻易改变。

第四，儒家文化的创始人孔子在几千年前就意识到要通过人格塑造去世间行道，这一点与现在所提倡的人的培养和塑造有相通之处。中国现代化社会的建设需要解放人的思想，完善人的品格，发展人的能力。文化发展得越先进，社会就越重视人的价值，因而人的塑造是儒家思想与文化现代化的结合点，是中国现代化乃至整个人类社会发展的必然趋势。

4. 包容性

文化的包容性体现在两个方面。一方面是指文化是一个由多种要素相互作用构成的复杂整体，它包罗万象，内容丰富，例如，从表现形式角度划分，文化可分为物质文化、制度文化、精神文化三种。其中物质文化是这三种文化中最基础的部分，物质文化是人们在社会实践中的物质生产活动及其产品的总和，它以满足人们最基本的生存需要为目标，如汉服、饺子、四合院、鼓楼、胡同、马车等都属于物质文化的内容；制度文化是指人们为了更好地开展社会生产和实践活动而建立起来的各种法律法规、组织形式、规章制度等。它包括国家管理机构、生产所有制、国家法律制度、民族的礼仪制度等。制度文化的本质是人类创造的一种通过约束自己来更好地服务于群体的手段；精神文化是人们在长期的社会实践活动和思想意识活动中孕育出来的，它是精神的文化内核，是文化的意识形态部分。精神文化主要包括道德、伦理、价值观、文学、宗教信仰等意识方面的内容。

　　文化的包容性另一方面的体现是信息技术的进步、交通运输的发展以及国家、民族之间的政治、经济往来，这些都为不同文化之间的相互了解和相互影响创造了条件。单一民族文化的发展不可避免地受到其他民族文化的影响，学习和借鉴了其他民族文化中的优秀部分，其包容性变得越来越强。例如，当代人们在装修新房时也会参考西方建筑文化中的欧式风格、极简风格等。

（三）文化的功能

　　生活在世界各国、各地区的人民按照自己独特的方式创造着属于自己的文化。文化一旦产生，就成了人们生活环境的有机组成部分，可称之为文化环境。文化的产生与发展不仅能满足个人和社会的各种需求，还时刻影响着生活在该环境中的每一个人，具有特定的功能。文化的功能是多方面的，这主要体现在以下三个方面（图8-2）。

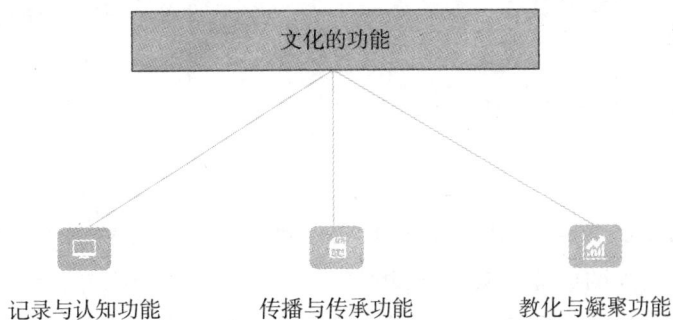

图 8-2　文化的功能

1. 记录与认知功能

文化一旦被创造出来，就有了记录的功能。文化记录了人类的生存和发展历程，蕴含着各民族的宝贵记忆。而文字作为书写文化的工具，是人类天才的创造，进一步拓展了文化的记录功能。无论是中国的甲骨文还是巴比伦的楔形文字，都记录了早期人类社会的生产与生活，帮助人们认识到了远古先民的智慧与能力。而随后造纸术、印刷术的普及以及其他科学技术的发展进步，史书记载、文学作品、报刊、音像媒体、手机、摄像机等全都发挥着文化的记录功能。

还有一些物质文化成果也有记录功能。每一件具有一定历史的器物，都向人们讲述着当时的风土人情和它所经历过的沧桑。人们通过这些器物也能感知到当时人们的精神状态和实践活动，体会到他们当时的心情，了解他们的文化价值取向。例如，通过参观长城，人们能感受到设计者的才华、智慧以及建造者的艰辛劳动。

文字有了记录功能，也就激发了人们的认知功能。从认知论的角度分析，人类的文化史记录了人类的认知过程。从某种意义上来说，中国家喻户晓的四大名著等文学著作都是古代人生活的真实写照或深刻反映。人们通过记录文化来积累生活经验、创新思维方式、提高认知能力，进而更好地了解自身、了解社会、了解这个世界。

与此同时，人类还利用文化不断发明、创造物质认知工具，从而提高自己对客观世界的认知能力和改进能力。例如，人类发明了天文望远镜，加深了自己对宇宙星系的认知，人类发明了显微镜，加深了对各种生物细胞、组织的认知。除此之外，人类还通过文化认识了不同国家和不同民族、阶级的历史和现状，进而推断、探索它们的未来。

2. 传播与传承功能

文化的传播与传承功能是由文化的记录与认知功能决定的。文化一旦被记录，就有很大的可能性被后人发现并传播开来，其中部分文化由于其特殊性，还会被教授并传承下来。传播与传承的区别在于，传播是文化由内向外的横向扩散，发生在相同或不同社会群体之间；传承是指文化由一代人向下一代人的纵向传递，一般发生在固定社会群体之中。文化的传播和传承并不冲突，可能同时发生。

当代的流行歌曲、乐团，每年都会更新换代的服饰产品，如今非常流行的聊天软件、表情包、创新语言表达方式的普及与推广，依靠的就是文化的传播功能。文字和语言既是文化现象又是文化的载体，具有强大的传播功能和传承功能。语言能传播，所以人们能习得除自己母语外的其他语种，并通过语言的学习了解目的语言的文化，进而促进不同民族间文化的交流。文字能传承，人们才能通过史书上的记载了解过去发生的事情。

除了语言和文字，文化实物也具有传播功能。例如，中国的古人通过搭建丝绸之路将中国的瓷器和丝织品出口到其他国家，这些工艺精湛的产品向外国人传播了中国的特色文化；唐朝文成公主入藏，为当地带去了唐朝先进的种植、纺织和医药技术，促进了少数民族文化的发展，同时也把藏族的文化传入了汉族。随着现代互联网信息技术的发展，文化的传播功能愈加强大。电话、手机、笔记本电脑拉近了世界各地区人们之间的距离。世界任何一个角落发生的事情，都可能通过现代媒体的记录与上传被世界各国的人们迅速了解。1977 年，美国向茫茫的外太空发射宇宙飞船，船上载有莫扎特乐曲、中国的民乐以及众多的数学符号知识，这可以说是人类第一次尝试向宇宙传播人类文化。

3. 教化与凝聚功能

人是社会性、集体性动物，人生活在社会之中，人的生存和发展都离不开社会这个大环境。正是因为人对社会的依赖性，使得文化具有教化和凝聚功能。人们生活的社会环境采用的是什么样的文化模式、宣传的是什么样的价值观，人们就会在潜移默化中受到这种模式和价值观的洗礼，进而内化自己的思想观念，努力把自己塑造成符合当下环境发展的人。

具体分析，文化对个体的教化是通过耳濡目染、潜移默化、春风化雨的方式实现的，这种教化行为的主要目的在于每个人能按照社会奉行的价值理念和行为标准要求自己，从而弱化个体的动物性特征，将其培养成为社会发展需要的人才。每个人从出生开始就生活在特定的环境中，父母是他们的第一任教师，教导他们使用语言、认知世界和他人相处；进入校园之后，他们在教师的带领下学习科学知识和生活技能、道德规范等；毕业之后进入社会，社会上的各种规章制度、工作挑战、生活压力引导他们适应社会、适应生活。因此，在个体的社会参与和社会适应过程中，随着其身处文化环境的变化，个体的思想观念、行为方式、审美情趣等都会因受到不同程度的影响而发生变化。

文化的教化功能导致文化具备凝聚功能。这主要体现在文化的教化功能能使生活在同一文化环境或模式中的社会群体形成相同的思维方式、思想信念、价值观念和行为标准，从而紧密地联系在一起，凝聚成巨大的认同力量和文化内核，不会被外来文化轻易影响。

（四）语言与文化的关系

语言与文化的关系主要体现在以下四个方面（图8-3）。

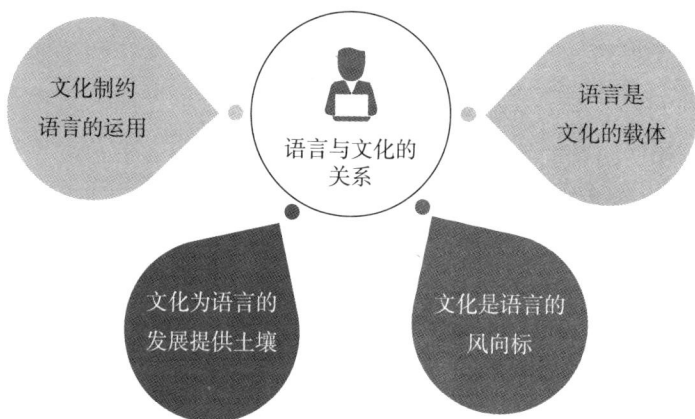

图8-3　语言与文化的关系

1.语言是文化的载体

首先，文化的载体不止一种，包括语言、音像、实物、视频、文学、艺术、建筑等。文化与其载体之间是相互渗透、相互依存的关系。语言作为文化最重要也最常见的一种载体，对文化的产生、存在、发展、传播、传承都起到了重要作用。语言产生之后，才有了文化的产生和发展，没有语言的文化是不存在的。语言见证并记录了文化的演变过程，是研究民族文化发展的重要途径。通过研究语言，人们可以了解一个国家或民族意识形态的演变、思想观念的继承以及思维模式的运转。人们说语言是文化最重要的载体，有以下几点原因。

（1）语言能够体现语言创造者和语言使用者的知识水平和文化水平。人类习惯利用语言文字记载本民族的历史、经验和其他文化，并传给后代。

（2）语言能够体现语言使用者所处社会的生产力水平和生产关系、社会关系、阶级关系。

（3）语言能够体现语言使用者的生活方式和行为准则。

（4）语言是人类思维的载体。语言是人类自身的一个重要组成部分，它沉浸在人类的思维变化之中。

（5）语言能够体现语言使用者的思维模式和思维内容。

（6）语言能够体现语言使用者的情感模式和情感指向。

2.语言是文化的风向标

语言是文化的风向标，主要体现为语言在一定程度上引导着文化。不同的文化面对相同或不同的客观现实，会发展出不同的语言，语言可以引导人们去认识、了解其他文化接触和改造外部世界的方式。人类的文化身份和使用的语言之间不是一一对应、固定不变的，但语言却能敏锐地捕捉到语言使用者与所处社会之间的关系。在同一时期不同社会群体之间，语言的表达和语言的质量是有差别的；在不同历史时期，语言的表达更是体现出不同的要求和状态。

例如，早期人类的语言肯定没有现代人的语言这么丰富、精彩、有逻辑、成系统；生活在偏远森林地区的土著人的语言，也没有生活在信息资源丰富的城市地区的现代人的语言那么深厚、有内涵。语言对于不同民族、不同文化之间的沟通和理解具有不可替代的作用，要想了解一种语言，就必须了解语言背后隐藏的文化。

3.文化为语言的发展提供土壤

文化是语言产生和发展的土壤，没有文化，语言就不会存在，就失去了发展的条件。语言与文化一起体现了民族的思维方式、思想信念和行为准则。

随着时代的发展和社会的进步，人们的生产、生活方式跟以前相比都发生了巨大的变化，今天的世界是一个日新月异、充满变化的世界。与此相对应，服务于社会群体的语言也在发生着肉眼可见的变化。这种变化体现在语言的表达上，例如，有的人说话喜欢中英文混用：

他这个人真的很 nice。

有的人因为没有完全掌握英语的思维习惯和使用方法，在与外国人交谈的过程中会使用"中式英语"：

The price is very suitable.

语言的变化不仅体现在表达方式上，也体现在各个领域因为新事物的产生而出现的新词汇，如微信、抖音、快手等手机软件中流行的语言。还有一些网络上流行的表达方式，有些是将原来的一些表达缩写创造出新的词语，有些是组合几个词语的含义创造出新的词语。例如，不明觉厉、喜大普奔。

4. 文化制约语言的运用

语言的选择和运用受到语境的影响，语境是语言生成和理解的先决条件，而文化又是语境最主要的组成部分，所以说语言的运用受到文化因素的制约。不同时期的文化不断地将当时的文化精髓注入语言之中，因而文化是促进语言更新换代的动力，是语言表现的基本内容，文化的发展与变化制约着语言的选择和运用。例如，汉语中的"小姐"一词，在中国古代封建社会制度下指的是贵族家中的女儿；封建制度结束后，曾用来泛指年轻或未婚女性；但随着文化环境的变迁，现在人们多用"女士"一词称呼女性，更现代化的称呼还有"美女、小姐姐"等。又如，汉语中"同志"一词的词义变化。这个词在中国古代是指与自己志同道合、有共同理想的人；发展到中华人民共和国成立初期，"同志"变成了有相同革命信仰和理想抱负的、愿意为革命事业奉献自己的有志之士；现如今，在平常的生活中，年轻人之间已经不再使用"同志"一词称呼他人。这种现象在语言的演变过程中是十分常见的，由此可以看出文化对语言的演变具有制约作用。

除此之外，文化对语言运用的制约作用还体现在文化在一定程度上制约着语言使用者的思维方式和表达方式。例如，中国古代文明的发源地之一，位于黄河中下游的中原地区当时以农耕为主要生产方式，而"牛"这一动物是生产活动中的重要工具，因此"牛"与人们的日常生活关系密切。这种关系体现在语言中的表现就是汉语中产生了很多带"牛"字，与"牛"的表达相关的词语，例如，吹牛、牛脾气、牛角尖、九牛一毛、牛头马面、牛气冲天、牛郎织女等。而西方国家则起源于游牧民族，因此"马"成为西方人生

活中十分重要的动物。在这种文化的影响下，英语中就产生了与"马"相关
的一系列短语表达，例如：

to talk horse	吹牛
a willing horse	工作认真的人
to work like a horse	像老黄牛一样拼命干活
as strong as a horse	强壮如牛
to come off high horse	放下架子
to buy a white horse	浪费钱财

　　综上所述，语言与文化两者之间存在辩证统一的关系，即在密不可分的
同时相互成就、相辅相成。文化需要用语言的形式来展现，而语言则需以文
化为载体来进行具体呈现。不同国家和地区的文化有着较大差异，交际者需
要通过学习语言，用语言将文化差异表达出来。社会环境和语言环境对交际
者学习语言继承文化具有较大影响，文化因素可以影响交际者的个人思想和
具体行为，而语言可以展现交际者对不同文化的态度，因而语言学习应以语
音、语法知识和词汇内容为基础，从背景文化、价值观念和信仰信念等方面
对不同文化内容进行深入学习，通过掌握语言和文化知识来学习交际对象的
思想，从文化的角度出发深入体会其行为习惯和具体交际方式。

二、文化差异因素对英语教学的影响

（一）文化差异的概念

　　不同的国家和民族有着不同的语言、观念文化、物质文化、精神文化
等，这就是文化差异。在不同国家、不同民族的交往过程中，文化差异是必
然存在且不可改变的。文化差异对于不同文化的存在、发展都产生着重要的
影响。文化差异的存在导致文化具有多样性特征，如果没有文化差异，那么
文化也不会具有多元化的显著特征，世界文化也不会呈现出百花齐放的发展
态势。当然，文化差异的存在也对其他领域产生了影响，尤其是教育行业中
的语言教学。下文分析英语教学中的中西方文化差异以及文化差异的存在对
英语教学的启示。

（二）英语教学中的中西方文化差异

1. "三观"的差异

"三观"就是指世界观、人生观和价值观。中西方文化在三观方面的差异体现了两种文化之间的根本不同。

（1）世界观是人们对包含社会、自然界与人的精神世界在内的整个世界的总的观点与看法，代表了不同文化最根本的思想基础。世界观从多个层面影响着文化成员的思想与行为，对经济与社会的发展也有深刻的影响。每一种文化都有自己独特的认知和理解世界的方式，因而形成了不同的世界观。具体分析，世界观的文化差异主要体现在不同文化对人与自然关系的认知上。

首先，中国人对人与自然关系的认知表现在以下两个方面。一方面，受地理条件和气候因素的影响，中国古代人在很久之前就过上了稳定的农耕生活，大自然提供的优越的生存和居住条件使人们逐步过上了安居乐业、丰衣足食的生活，人们不用过颠沛流离、食不果腹的生活。大自然给了人们赖以生存的物质基础，所以人们真心地感谢自然、崇拜自然。另一方面，在中国人眼中，人类在大自然面前是十分渺小的，无力抗拒大自然带来的气候灾害、地质灾害等自然灾害，并且人们不理解为什么会发生这些自然灾害，如此一来，就使古代中国人对大自然的神秘与强大产生了畏惧之心。人们只能将希望寄托在一些虚幻的神灵身上，开始求神拜佛，祈求风调雨顺、五谷丰登。时至今日，中国人仍追求人与社会之间的"可持续发展"，这就是中国文化延续至今的标志与特征。

其次，西方人对人与自然关系的认知表现出不一样的特点。对比古代中国人的生产和生活，古代西方人的生存和发展更为艰险。他们曾在很长一段时间内都以游牧生活为主，因此居无定所，受气候变化、自然灾害等自然界客观因素的影响更大，这种游牧生活的动荡性和艰险性使他们对人与自然关系的认知产生了两种观点。一种是顺从，一种是征服。所谓顺从，即认为人在大自然面前无能为力，只能等待大自然的恩赐；所谓征服，即认为人是大自然的主人，人类要以自我意识为中心、征服自然、战胜自然、让自然为我所用。

（2）人生观即对人类生存的价值与意义的根本态度与看法。人生观受价值观的影响和支配，除此之外还受到历史、传统等因素的制约。

中国人的人生观可以从一句叫作"万变不离其宗"的古话中体现一二，统一和稳定是中国人追求的理想生活，是社会不断进步和发展的保证；这种稳定也体现在家庭的稳定、社会关系的稳定和社会定位的稳定上。

对比中国人的人生观，西方人认为人与动物存在最主要的区别在于人需要不断审视自己的生存与生命状况，这是理性的表现，受这一思想的影响，西方人追求变化，强调打破常规，不断进行创新。

（3）价值观是基于社会、家庭的影响产生的，且经济地位的变化也会引起价值观的变化。中国和西方国家所持有的价值观是明显不同的，以两种文化对集体主义和个人主义的态度为例分析。

首先，中国人认同集体主义。中国人通过观察日月交替、斗转星移等自然现象产生了"万物一体""天人合一"的思想意识。这种意识也体现在个人与集体的关系上。中国人集体意识强，强调集体利益高于个人利益，当集体利益与个人利益发生冲突时，个人利益往往会被要求与集体利益保持一致，以此追求社会发展的和谐统一。中国人十分注重集体的认同感和归属感。同时中国人崇尚谦逊低调的处事风格，追求随遇而安、知足常乐，不推崇争强好胜、骄傲自满的个性特征。

其次，西方人崇尚个人主义。西方的大部分哲学倾向和流派都强调"主客二分"，即把主体和客体对立起来。因此西方的主流价值观一直强调个人奋斗的价值，对于个性、自由十分推崇，注重自我挑战、自我超越。需要指出的是，个人主义并不意味着个人利益在任何时候都是最重要的，追求个人利益也需要在法定的范围内，因此个人主义也是一种积极的、值得肯定的价值观。西方人以批判的眼光看待已有的知识，从而不断获取新的认知。他们的独立精神以及对个人存在价值的尊重使他们逐渐形成了标新立异、追求个性的开拓精神。不得不说，一定程度的个人主义有助于个体的进取与创新，但是如果过分强调个人主义，营造了过度竞争的氛围，也会影响整个社会的和谐稳定。

2. 中西思维文化差异

傅雷先生曾这样说过："中西方的思想方式之间存在分歧，我们重综合、重归纳、重暗示、重含蓄，西方人重分析，细微曲折，挖掘唯恐不尽，描写唯恐不周。"[①] 这句话概括性地介绍了中西方思维模式的差异，下面将针对其中的具体差异做详细论述。

（1）形象思维与抽象思维。形象思维是文学艺术创作过程中常用的思维方式，依靠形象反映生活，运用典型化和想象的方式表达作者的思想情感。逻辑思维则是通过判断、推理反映现实的思维方式，它以抽象为特征，能反映事物的本质特征。中国人的形象思维十分发达，这一点通过中国的汉字和古典文学的成果就能看出来。汉字是一种象形文字，中国的书法艺术体现了字画合一、感性生动的特点，中国的古典文学则是种类繁多，有诗歌、散文、戏曲、小说等，在这丰富多彩的文学瑰宝之中，形象生动的比喻、联想，感性且诗意的描述手法数不胜数。

西方人与中国人恰恰相反，他们的逻辑思维格外严谨。这一点可以从西方文学著作《荷马史诗》的题材处理和谋篇布局中看出来。《荷马史诗》由《伊利亚特》和《奥赛罗》两部英雄史诗构成，两部英雄史诗都采取了戏剧式的集中、概括和浓缩手法，把出现的众多人物、复杂的情节和丰富精彩的画面浓缩成了一个严谨的整体，从而充分展示了命运的冲突和人物的性格。

（2）整体思维与分析思维。在对思维的基本智力操作上，西方人倾向于对部分的分析，中国人则偏向于对整体的把控。对西方人来说，要想弄清楚某一事物，就要从内部结构入手，对事物进行分割和拆分。因此在西方人的思维模式中充满了分析的特征，例如，在希腊晚期，亚里士多德就对已有的学科知识进行了分类，将它们分为政治学、物理学、修辞学、伦理学等。

中国人在看待事物时，会把事物当成一个整体来看待，充分考虑这个事物与其他事物之间的关联，并移用以往对待其他事物的经验，进行类比式的判断和猜测。例如，中医认为人体是一个有机联系的整体，身体的各个器官部分是相互依存、相互影响的，眼睛看不清楚有可能是肝功能有问题。这种

① 张义桂.中西方传统思维方式的差异及成因 [J].文史博览（理论），2016（6）:44.

方法从宏观上把握事物的全貌，有时会得出意想不到的结果，乃至被西方人称为"东方神秘主义"。

（3）感性思维与理性思维。感性是生命的本能，在生命形式的进化过程中，基于本能的感性，慢慢产生了理性，人类社会才得以逐步完善。所谓理性，就是基于感性，通过思考而升华的一种抽象的认知，理性包括了思维本身的结论，也包括了以此为动机的行为判断。

一般情况下，中国人的判断力和情感受感性思维的影响较大，而西方人从古代开始就很注重理性看待事物。如中国人认为"不知者不怪"，而苏格拉底则认为无知作恶比明知故犯还要恶劣，因为"无知"本身就是"恶"；中国人为了和睦相处可以"大事化小，小事化了"，西方人必须论辩出真理在谁的手上，也不会因为对方的身份或地位放弃自己坚持的理念。

（4）对立思维。世间万物都有其对立统一的两方面，这就是对立思维。中西方文化中都曾提到过事物之间的矛盾对立关系，如《易经》中的阴阳论。

然而中西方看待对立关系的观点却并不相同，中国文化注重求同的思维方式，以天人合一的思维方式处理问题，强调万物一体、和谐共生。这一点在伦理观上则表现为集体利益大于个人利益，当集体利益受到威胁时，可以放弃个人利益保全集体利益。而在西方文化中，矛盾的斗争性思维方式是被普遍认可的，个体生存的意义在于面对整体力量时随时抗拒这种异己的、压抑自我的力量。西方人还认为人性本恶，人生处处是冲突，人格经常会分裂，人与命运的悲剧随时都在发生。人都是在对立中诞生，在矛盾中存在，在斗争中寻求生存。

（5）归纳与演绎思维。中国人说话写文章时习惯用"归纳法"，即在论述某一话题时，采取由次要到主要、由背景到任务、从相关信息到主要话题的发展过程，通常把对某一事物的看法或对别人的意见和建议等主要内容放在最后，这是逐步达到高潮式的讲话方法。西方人则习惯采用"逆潮式"的演绎法来表达自己的看法。这种方法的特点就是把话题放在讲话的最前边，以引起听话人或读者的重视。把中西方两种语篇的论述方式以因果关系来阐述就是中方语篇是"因"在前，"果"在后；西方语篇是"果"在前，"因"在后。

3. 中西节日文化差异

节日是指一年之中具有特殊民族文化意义或社会文化意义并穿插于日常生活中的日子，是人们丰富多彩的业余生活的集中展现，每个国家、民族都有自己的节日，这些节日往往承载着这个国家或民族独特的政治、经济或其他方面的文化。由于中国和西方国家的民族信仰和发展历史有很大的差异，中西方的节日文化也体现出不同的历史传统与价值取向。

（1）在价值取向差异方面，一个民族的价值取向通常是这个民族历经长时间的实践与验证总结和归纳出来的，是推动这个民族不断前进与发展的动力，并且不会轻易发生改变。而传统节日则是一个民族价值取向与思维观念等精神文化的重要反映。对比中西方传统节日文化，中国传统节日文化具有明显的集体主义倾向，而西方传统节日文化则呈现出个人主义的价值取向。

中国传统文化的集体主义价值取向是在儒家思想的影响下产生的，因为儒家思想特别重视社会群体之间的血缘关系和地缘关系，认为"血浓于水"，人与人之间的亲情关系不能磨灭，同时还提倡互帮互助的同乡情谊，所以有"老乡见老乡，两眼泪汪汪"的说法。体现在节日的设定上，就是中国传统节日呈现出较强的家庭宗族观念和群体观念，一般过节都会举行以家族或家庭为核心的集体活动。例如在中国，每逢春节、元宵节、中秋节这种大型的传统节日，人们总想着一家团聚，因此家中的父母、长辈都会期盼着孩子们能回家过节，在外务工打拼的年轻人也会不辞辛苦，尽量在节日期间赶回家与父母团聚。家中父母通常会准备很多丰盛的食物欢迎孩子的归来，人们欢聚一堂，一起吃"团圆饭"。聚餐期间，人们闲话家常，互相关心，分享生活中的酸甜苦辣。此时，晚辈会借此机会向长辈敬酒祝寿，长辈也会祝福和教导晚辈，告诉他们一些为人处世的经验，希望他们的生活越来越好。总而言之，节日期间人们会暂时放下手头的工作，与亲朋好友共聚一堂，每一场聚会都洋溢着欢快、轻松的节日氛围。

又如，中国人会在清明节进行扫墓祭祖、踏青郊游的活动，会在端午节举行赛龙舟和吃粽子的集体活动。这些都体现出中国传统节日追求家人团圆、社会和谐、尊重长辈、爱护晚辈的价值取向，也体现出浓浓的中国文化韵味。

与中国传统文化的价值取向不同，西方传统文化认为人是世间万物的主宰，是一切活动的核心，每个人都是独立的个体，是独一无二的，因此个人的感受和体验才是最重要的。这也是为什么西方人对个性和自由十分推崇。与中国人的集体主义观念不同,西方人十分强调个人的意志,追求个人的解放与自由。当然这并不是说西方人一点也不在乎血缘关系和家人朋友,西方国家也有类似中国春节的象征全家团聚的传统节日,如圣诞节、感恩节等。其中圣诞节是很多西方国家最大最热闹的节日,圣诞节的庆祝活动一般从 12月 24 日夜间就已经开始,半夜时分达到最高潮,这一夜就是圣诞夜。这天晚上,西方人也会全家人聚在一起共同享受丰盛的晚餐,然后围坐在火炉旁尽情说笑,家人和朋友间会交换祝福的卡片,互送圣诞礼物,孩子们还会在床头挂上一只空袜子,期待圣诞老人送的礼物。

虽然西方人也重视家人团聚和亲情关系,但从整体上分析,西方节日更侧重个人价值的挖掘和个人情感的释放。西方节日大部分以欢快和娱乐为主要基调,人们常常借节日之名,尽情展现自我、享受个人的欢乐。例如,西方的万圣节本是祭奠亡魂、祈福平安的节日,但西方人还会在这一天将自己装扮成各式各样的妖魔鬼怪,举办化装舞会,看谁的扮相最吓人、最逼真,这一习俗就充分体现了西方人勇于展现自我、发扬个性的性格特征。

(2)在表现形式上,中西方节日的最大区别在于节日性质的差异。此处节日性质主要是指这一节日体现的功能和文化是单方面的或多方面的。对比中西方的节日特征可以发现,中国的传统节日大多是综合性的,而西方国家的传统节日大多是单一性的。

具体分析,中国传统节日是一种集多种文化因素为一体的文化现象,因此其功能也是多样化的。以清明节为例,清明节最初起源于上古时期的春祭习俗,因为在这一时节,早春的寒冷逐渐退却,世间万物呈现出吐故纳新、春和景明之象,人们为了庆祝这万象更新的景象,设置了这一节日,后来人们又将扫墓祭祀、缅怀先人与踏青春游、亲近自然的活动融入其中,使清明节成为一个多种活动相汇合的综合性节日。又如,春节是中国最大的综合性节日,人们会在节日期间举行各种有意义的活动,像祭奠祖先、祭拜神灵、逛庙会、购置年货、张灯结彩、走亲访友等。而由于西方盛行"维护人权""个体价值""个性展现"等思想观念,追求个人主义,突出个人的价值,所以西方的节日常常体现出单一的娱乐精神,如母亲节、愚人节等,都体现出对个体或某一特定群体的关注。

（三）文化差异的存在对英语教学的启示

英语教学不仅是一种语言教学，更是一种文化教学。英语教学的这一角色定位主要是受中西方文化差异的影响而形成。在英语教学中，英语教师除了要讲授英语语言知识和技能，还要讲授文化知识，时刻注意文化因素对学习者学习语言和应用语言的影响。因为英语首先是一种语言文化，其次才是一门学科。也就是说，英语的社会性、发展性和交际性这些文化特征比其知识性和学科性更重要。接下来本书就从这几个方面出发分析一下文化差异的存在对英语教学的启示。

1.社会性要求英语教学关注社会生活

语言的习得属于一种条件反射，主要取决于学生的已有经历、交往行为以及在交往中得到的信息。认知主义学习理论认为，交际者新收到的信息会和原有的图式发生反应，如果二者相符，新的信息就会和原有的图式同化，如果二者不符，原有的图式就要顺应新的信息，做出改变。例如，当学习者在跨文化交际活动的实践中发现目的语交际对方的语言表达方式和自己掌握的表达方式相符时，就会巩固这种方式；相反，如果发现目的语交际对方的语言表达方式和自己的表达方式不符，就会调整自己原有的图式，以符合目的语交际对方的表达习惯。

在英语教学中，英语教师除了要教授基础的语言知识，还要引导学生关注社会生活，尤其关注真实的语言表达方式。具体可以从以下三个方面入手。

（1）选择教学内容。在教学内容的选择上，英语教师可以采用源自国外学校的原版教材，或参考原版教材的语言表达选择教学内容。

（2）创设交际情境。在实际的教学过程中，英语教师要为学生创设真实的言语交际环境。首先，英语教师要保证教学语言的真实性，为学生树立可以模仿的榜样，也就是说教师的教学语言应是实际交际过程中会使用到的语言，而不是专门为了教学活动编创的语言；其次，英语教师要选择与学生的学习、生活以及今后的工作息息相关的话题作为交际情境的主题，要把英语这一语言的传授和学生关心的热门话题结合起来，把一些题材广泛、内容丰富、贴近生活的信息材料融入情境设计中。

（3）感受国外生活。对于学习者来说，如果能接触并感受目的语国家真实的语言生活，那么其英语水平将迅速提升。互联网时代背景为学习者足不出户感受国外的语言生活创造了条件，学习者可以根据关键词上网了解目的语国家的风俗习惯、表达习惯、社交礼仪、社会秩序等生活情况。

2.发展性要求英语教学鼓励个性发展

伴随着时代的发展，新的语言表达方式层出不穷，这主要是因为语言的发展受到了社会发展性的影响。社会的发展性对语言的发展性起着决定性的作用，学习者学习语言的过程实际上是将新的语言文化信息纳入已有结构并产生同化或顺应的过程，这也是一个学生充分发挥主观能动性，进行创新表达的过程。

根据乔姆斯基（Chomsky）的普遍语法理论，语言不是通过学习得到的，而是一种存在于人类大脑中的语法原则，是一种生物天赋的组成部分，语言不需要进行专门的学习，但使用语言不能违反其特定的规则。乔姆斯基还主张语言在一定程度上也是说话人本身心理活动导致的结果。类似人们刚出生不久后的婴儿阶段展现出的语言学习能力，当婴儿的表达出现语言错误时，人们甚至不需要纠正，因为随着年龄的增长和生活经验的增加，他们会逐渐察觉出自己的语言错误并自动改正。基于以上分析可以得知，有一部分学生不太擅长学习英语，可能是因为英语教学活动没有激发学生的天赋，从而阻碍了学生个性的发展。

个性发展有利于促进学生的英语学习。英语教师应该鼓励个性发展，尊重学生的学习风格和学习方式，培养学生不断建构语言体系的能力，具体来说，可以从以下几个方面入手。

（1）坚持以学生为中心的教学原则，充分考虑学生的学习需求和学习心理。

（2）激发学生的学习动机，引导学生发现适合自己的学习方法。

（3）创建学习任务，营造任务情境，使学生在其中积累知识、建构知识。

（4）引导学生展示自己的学习成果，例如，通过组织对话、角色扮演的形式展现目的语国家的社会生活方式。

3.交际性要求英语教学尊重学习体验

英语的交际性特征要求英语教师对学生个体的学习体验给予充分关注，主要观察学生是否在学习英语的过程中积累了一定的语言知识和交际知识，获得了较好的学习体验。具体可采用以下几种方法。

（1）"沉浸法"帮助实现意义表达。"沉浸法"学英语是用英语对各类学科进行学习，从而使其他学科的知识掌握与英语学习联系起来。学科学习主要是为了表达意义，这为学生实现意义表达提供了真实可靠的语言环境，有利于激发学生的学习兴趣，提高学生的表达水平。

（2）"全身反应法"帮助减轻表达问题。借助"全身反应法"能帮助学生减轻使用英语表达的问题是因为"全身反应法"具有以下特点。

其一，能通过"以言行事"的语言功能减轻表达焦虑。"以言行事"的说法源自言语行为理论，该理论认为人们每说一句话就是在执行某种言语行为，如陈述、命令、提问等，这些言语行为的执行都遵循着一定的规则，这些规则赋予了言语行为特定的力量，表明了说话人的意图。明确的言语行为目的能帮助学生减轻表达的焦虑。

其二，"全身反应法"认为听在学习英语的过程中十分重要，学生应该先听后说，先输入后表达。听是一种帮助学生积累表达信息和技巧的有效渠道，只有拥有了足够多的信息输入量，掌握了一定的表达技巧，学生才有信心开口表达。

其三，"全身反应法"能为学生提供"可理解的输入"。美国语言教育家斯蒂芬·克拉申（Stephen Krashen）提出了影响深远的语言监控理论，该理论共由五个假设组成。其中"可理解的输入"来自其中的"输入假设"。输入假设是克拉申语言监控理论的重点研究部分。克拉申认为，语言的习得是有条件的，语言习得者只有接触到了"可理解的语言输入"，也就是说接触到的第二语言输入内容的水平略高于习得者现有的语言水平，并且该习得者能够理解输入语言内容的意义和形式时，语言的习得才会产生。这就是语言学界著名的"i+1"理论。

在"i+1"理论中，i表示习得者现有的语言水平，1表示稍高于习得者语言水平的知识内容。克拉申表示，该公式的输入无须刻意提供，只要理解输入达到了一定的量，输出就会自动生成。如果学生不能理解输入的信息，那么这些信息就像"对牛弹琴"，是不容易被记忆和应用的。

三、英语教学中开展文化教学的策略

（一）遵循文化教学的原则

在开展英语文化教学的过程中，教师需要遵循以下三个方面的原则（图8-4）。

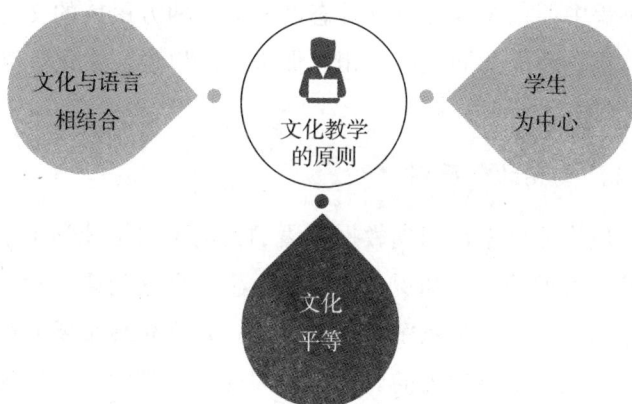

图8-4　文化教学的原则

1. 学生为中心原则

以学生为中心的原则既是高校英语教学活动开展的指导性原则，也是英语文化教学的首要原则。传统的英语文化教学是以英语教师为主导的，根据英语教师个人的兴趣爱好和教学计划开展的，既缺乏系统性，又不能很好地照顾到学生的学习需求。而新形势下的英语文化教学应该以学生为中心，把"教文化"为教学重点改为"学文化"为学习重点。但以学生为中心并不意味着教师失去对教学的主导作用，只是教师从文化知识传播者的单一角色转变为了开展语言文化教学的多种角色。在文化学习的过程中英语教师的多重角色包括文化教学的设计者、文化知识的咨询者与传播者、文化意义的引导者、文化行为的训练者、跨文化交际的中介者等。

2. 文化平等原则

英语教师在开展高校英语文化教学的过程中要遵循文化平等的原则，因为世界上各个民族的文化是经过长期的积累和传承形成的，他们生存和发展所依赖的地域环境、历史条件等各不相同，因而在一定程度上没有可比性。正如美国文化人类学家弗朗兹·博厄斯（Franz Boas）所描述的，每一种文化都是特定社会群体生产和生活发展的产物，都被用来满足该群体的生存发展和精神需求，因此不能用好坏的标准来衡量。中华民族的文化与英语民族的文化都有各自的优势和特点，因此在面对西方文化时既不能骄傲也不用自卑，在学习过程中要以客观、平等的态度来面对西方民族的文化。只有相互学习、互相尊重，才能共同发展、相互促进。所以说，文化平等意识和相互尊重原则是双向文化导入的基础。

3. 文化与语言相结合原则

英语教师应当明确地认识到教授英语的目的不仅是让学生掌握单词、语法、句型等基础类型的语言知识，还应让学生掌握这门语言背后的文化。因为语言与文化二者之间的关系密不可分。语言是文化最重要的载体，是文化发展的基础，文化是语言发展的风向标，因此文化教学理应成为语言教学的重要组成部分。英语教师在教学活动过程中遵循文化与语言相结合教学原则需要做到以下几个方面。

（1）加强文化知识的引介与传授。英语教师在保证学生掌握英语基础语言知识的前提下，还要注重对英语语言文化知识的介绍和传授。通过讲授英语语言文化知识，英语教师不仅可以帮助学生开阔视野，加强对英语文化的认识，还能提高学生学习英语的兴趣，帮助学生理解枯燥的基础语言知识，如固定短语、英文谚语等的含义。在英文中，人们用"rain cats and dogs"来表示雨下得特别大，如果学生不了解这句谚语产生的文化背景，就会感到难以理解，为什么下雨跟动物猫、狗有关系呢？事实上，这是因为传说在很久以前的伦敦，由于城市的排水系统不是特别完善，再加上雨季多雨，因此一场倾盆大雨后常常是汪洋一片，淹死许多迷路的狗和猫，因此当雨停且水退去之后，大街上就会冒出猫、狗的尸体，似乎是天上下雨带来了这些猫狗似的，后来当地的人们就把"rain cats and dogs"比作倾盆大雨。英语教师除了在课堂上要注意讲授英语文化知识外，还要鼓励学生利用课外时间和课外活动积极了解和掌握英语语言文化，增加学生的文化知识积累。

（2）利用教材渗透多元文化的概念。在处理和应用教材的过程中，英语教师需要结合课本内容，引出语言文化知识，拓展文化教学内容。例如，词汇是语言中十分活跃的组成部分，也是最大的文化载体之一。因此在日常的教学活动中，英语教师应注意介绍词汇的文化含义。英语中有很多词汇具有特殊的文化含义，了解这方面的文化知识，有助于学生掌握该词汇，理解各种词汇表达。

除此之外，由于生存环境、历史和文化的差异，汉语和英语中具有同样表层含义的词汇可能具有不同的深层含义，在讲解到这类词汇的有关表达时，英语教师可以通过汉语和英语两种语言文化的对比进行阐释。例如，汉语和英语中的颜色词红色。红色是中国文化中的崇尚色，中国人的红色情结是其他民族不可比拟的。在中国传统文化中，红色就代表着幸福和喜庆，是人们庆祝节日、装饰门庭的主打色之一，同时还有辟邪的含义。当今社会，人们又赋予了红色更多的文化内涵。例如，红红火火，有祝愿生活越来越好，做生意财源广进的意义；红极一时，红得发紫，表示某人知名度很高，很受人欢迎；过年分红，指将盈利部分分给众人；红色根据地，指的是中国共产党的政治革命基地等。红色在西方文化中有着不同的象征意义，红色在英文中有"鲜血、暴力、危险、亏损、负债"等负面含义。例如，"red revenge"意为血腥复仇，"a red battle"意为血战，"red card"意为红牌，"red alert"意为红色警报，"red figure"意为赤字、亏损等。

在进行语法教学的过程中，英语教师也可以结合多元文化知识进行讲授。教师可以对比汉语和英语在基本句型、主谓结构以及句式、时态、句子构成等方面的异同，启发学生的思维，引导学生对两种语言的差异展开讨论，扩大学生的知识面，激发学生的学习兴趣，从而帮助学生加深对英语语法的理解，提高他们运用英语的能力。例如，汉语和英语在句式上的差异主要表现为汉语多短句，英语多长句。这种差异产生的主要原因是汉语属于意合语言，注重语义的表达，因此不同的含义要放在不同的句子中表达出来；英语是形合语言，注重结构的完整，因此只要结构允许，不同的意思也可以放在一个比较长的句子中论述。从文化角度分析，英语重形合与汉语重意合的特点体现出两种民族文化影响下形成的思维模式的差异。即中国传统的思维方式更注重直觉、体验和领悟，而西方哲学的思维方式更注重概念、判断和推理。

（3）文化内容与语言水平相适应。在英语文化教学过程中遵循语言教学与文化教学相结合的原则还要做到使文化教学的内容与学生的语言水平相适应。这主要是因为学生的语言水平是制约文化学习过程和文化学习结果的关键性因素之一。

外国学者拜拉姆（M.Byram）曾提出，文化教学内容的设置应遵循从具体到抽象、由简单到复杂的原则，例如，在学生接触英语的初级阶段，学生的外语水平较低，掌握的语言知识较少，此时文化教学的内容就应选择一些与学生日常学习、生活息息相关的话题，如一日三餐、家庭关系、社交礼仪等；发展到学习英语的中级阶段，学生掌握的词汇和语法逐渐增多，此时在教学内容中可以适当添加一些较复杂的文化知识，如外国著名历史人物、文学故事等，发展到高级阶段，就可以开始文化观念和文化差异等理论方面的学习与讨论了。需要注意的是，每一种文化本身是蕴含着许多内涵的，因而即使是同一个文化主题也可以设置不同的难度。在学生学习语言的不同阶段，相同的文化话题可以反复出现，只是随着学生语言水平和知识能力的提高，教师要适当提升学习内容的难度。

（二）采用文化教学的方法

英语文化教学的开展可以采用的教学方法有传统教师讲解法、情境教学法等。其中传统教师讲解法主要依靠英语教师搜集、整理英语文化资料，然后通过口头讲解或结合图片、视频等资料向学生介绍的方法进行，这种方法的优点是能帮助学生在短时间内快速积累大量英语文化知识，缺点是教师与学生的互动较少，不容易引起学生学习的兴趣。由于在多元文化背景下开展英语文化教学的目的不仅是增加学生的文化知识储备，更是培养学生的英语综合运用能力、跨文化交际能力以及帮助学生树立正确的文化意识，发展学生的整体素质和健全人格，因此本书认为情境教学法更适合英语文化教学活动的设计和开展。

1.情境教学法基本定义

情境教学法的核心不是培养学生的书面语能力，而是在于激发学生的情感，使学生能在复杂多变的跨文化交际情境中充分发挥主观能动性，做出正确的判断，灵活应对各种交际语言。在教学过程中，教师会根据教材内容充分利用图片、实物、电子影像等教学条件并结合学生的身心特点设计并开展教学活动。

使用情境教学法开展文化教学的基本步骤有三个，即设置教学情境，学习目的语语言和文化；以培养听说能力为主反复开展练习；布置适量书面练习题、巩固语言结构认知和文化认知。

因为在情境教学法中，教师主要是用英语组织教学活动，向学生讲解语言知识和布置作业，所以教师要保证自己的英语表达方式是标准的、正确的，这样才能给学生树立好学习的榜样。但如果碰到一些用英语难以解释的语言知识，教师也可以适当使用母语进行讲解，但教师会要求学生尽量使用英语对话、提问。

2.情境教学法教学原则

（1）自主性原则。自主性原则主要包括两个方面的内容：一方面是指情境教学法的实施需要师生之间保持良好的教与学的关系。良好的师生关系是开展情境教学的基础保证。因为情景教学的设定就是模仿实际的交际状态，只有教师和学生之间保持互相尊重、互相理解、互相信任，才能设定模仿真实交际情况的教学情境，教师才能引导学生进入教学情境。这意味着教师必须了解学生对学习外语的想法和需求，学生也要学会理解教师的教学目的，积极响应教师的引导和号召。

情景教学需坚持自主性原则的另一体现是指学生在教学活动开展的过程中要保持其主体地位。学生需要在具体的教学过程中保持其主体地位也是因为情境教学法的根本教学目的是培养学生的独立意识和自我评价能力。要坚持这一原则，教师在教学过程中需要做到从学生的实际需求出发，使学生在学习语言的过程中体验交际的乐趣、保持快乐的心情。

（2）体验性原则。在使用情境教学法开展外语教学活动的过程中，教师要想办法根据教学内容设置恰当的教学情境，然后引导学生发现问题、依靠自身的能力去寻找问题的答案。这一原则是指教师要帮助学生树立"过程"与"结果"同样重要的观念，让学生在轻松愉快的氛围中体验学习、取得进步。

3. 情境教学法情境设计

语言的产生和发展离不开特定的文化背景，人们的日常交际行为和社会发展离不开语言，因此语言的学习应放在一定的社会文化情境中开展。根据现实交际情境提供的场景，学生可以激活原有的认知经验，并将新的知识与之前的认知经验联系起来，从而理解新的知识，将新知识加入原来的认知体系。因此在英语教学活动中，教师要设计出能引导学生激活旧的认知经验，并积极参与到新的交际对话中的真实情境。要设计出这样的真实情境，教师可以从以下几个方面入手。

（1）范例提供。由于理解和解决问题的前提是对问题有所了解并能够根据自己的经验建构解决问题的心理模型，而学生不可能对所有情境和问题都有经验，因此教师需要为学生提供相应的范例来填补学生的认知空缺，为问题的解决奠定基础。并且，为了培养学生灵活的认知能力和思维方式，教师提供的范例要包括解决问题的多种观点和思路，这样更有利于学生发散思维，发挥想象力和创造力。

（2）任务呈现。此处任务的呈现是指教师对学生学习任务的呈现。在情境教学法中，教师向学生呈现学习任务时，首先要注意向学生介绍任务问题发生的社会文化背景，帮助学生理解英语语言国家的历史、地理、社会组织结构、群体行为模式等文化知识，其次要尽可能用生动、有趣的语言呈现该问题，最后要在呈现过程中为学生预留一些可操作的维度和空间，这些都是为了引导学生更快地融入情境中来，吸引学生积极参与回答问题。

（3）教师指导。建构主义理论认为学生是教学活动的中心，学生应主动建构学习知识意义，加工知识信息。同时，教师是整个教学活动的组织者、引导者，对学生的知识意义建构起到促进和帮助作用，因此教学活动的每一个环节都离不开教师的精心设计、有效启发和组织管理，如果失去了教师的引导和管理，学生的建构行为就成了没有秩序的盲目探索，是无法获得成功的。在文化教学活动中，如果学生遇到不理解的、与英语文化相关的知识内容，教师可以给予适当的解释和引导，帮助学生完成情境学习任务。

（4）信息资源。教师在进行情境设计的过程中，还需要确定学生所需信息的具体种类和数量，以建构问题模型，提出方法假设。教师需要为学生提供必需的信息资源，以开展情境布置活动。这些信息资源应是学生乐于接受的，并能帮助学生认识和解决问题的，具体而言应包括各种信息和知识，如文本、图片、实物、音频、视频、动画等以及通过其他手段能获取的各种相关文化知识资源。

（5）认知工具。由于学生的知识经验有限，感官输入信息的能力也有限，因此获取认知资源的途径也受到了限制。此时学生就需要认知工具的帮助。认知工具是情景设计的重要辅助工具，具体是指支持和扩充学生思维过程的心智模式和设备。认知工具通常是可视化的智能信息处理软件，如专家系统、信息库等。这就要求学校教育教学部门在相关教学系统或信息库中植入文化教学的相关内容，以便于教师和学生获取。

第三节　系统论影响下的英语课堂教学

一、基于系统论的英语课堂教学范式

（一）整合性课程分析

系统理论的整体性特征表明了系统内部各要素之间不是独立存在的关系，而是相互关联、相互影响、交叉存在的关系。通过关联和影响，整体与部分之间处于不断协调的状态，不断协调的最终目的是将系统的功能发挥到极致。英语课堂教学是由教师、学生、教学环境、教学条件等要素构成的完整系统，要想营造出良好的教学效果，就要促成这些要素之间的有效交互。

英语教学是一种实践性很强的教学活动，在开展英语教学的过程中，教师不仅要引导学生掌握英语语言的基本语言知识，还要通过各种教学手段帮助他们掌握并提高英语语言技能，包括英语听、说、读、写、译技能以及跨文化交际技能。这种教学效果的营造离不开教学主体与教学环境的兼容及动态协调，也离不开各种课程要素的全面有机结合。结合后的教学目标、教学内容、教学方法、教学评价体系等要素相互融合、协调统一，如图8-5所示，具体表现为科学创新的教学理念、动态发展的教学目标、多元开放的课程设置、丰富多彩的教学活动、立体多向的教学评价、民主平等的师生关系等。这些要素使英语教学由封闭式、单向性的知识传播转变为开放式、多向性的知识流动。

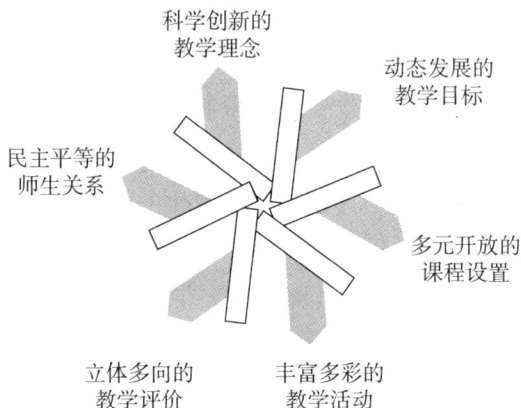

图 8-5　整合性英语课程的构成要素

（二）协作式学习模式

根据系统论观点，英语课堂教学被看作一个完整的、独立教学系统，教师和学生是该系统的重要组成要素。该系统自行组织运行的过程就是教师和学生之间协同发展的过程。在开展英语教学的过程中，教师应注重课堂教学系统运行的教学目标，强调对学生个体的尊重，与学生共同合作实现课堂教学过程的动态生成。在这一过程中，教师不仅要因材施教，培养学生的个性特征，发挥他们的特长，还要注意培养学生的沟通与合作能力。

系统的协作式学习模式是一种知识建构的自主性操作，能够为今后个体学习与工作的开展打下坚实的基础。在完成学习任务的过程中学生需要进行知识信息的搜集与获取，并寻找能够完成任务的方法。从整体上看，任务的完成不仅需要学生开动大脑、发散思维，还需要不断增加自己的知识储备，建构更加完善、更为系统的知识体系。

在协作式学习活动开展的过程中，学生面对的是有挑战性的、有实际意义的集体性学习任务，因此学生需要以小组合作的方式开展探讨与学习。在小组内，学生需要根据自己的角色定位完成自己的工作，组员之间需要互相帮助，发挥各自的职能促进学习任务的完成。在开展活动的过程中，小组成员之间会时刻保持联系，定期组织会议分享自己的研究成果，同时会就成员遇到的难以解决的问题展开积极的探讨。这能够培养学生的合作意识、提高学生的语言交际能力和情感能力。

二、基于系统论的英语课堂教学原则

系统论观点认为英语课堂教学的组织与开展应遵循以下三个方面的原则（图8-6）。

图8-6　基于系统论的英语课堂教学原则

（一）系统性原则

系统性原则坚持从系统、整体的视角出发，运用系统论的观点和方法研究英语课堂教学。

系统具有整体性、动态性、协同性、复杂性、层次性、自组织性等特征。对任何系统的研究都要坚持整体、动态、协同的观点。首先，系统研究要坚持整体的观点，系统的整体性不是系统要素个体之间单纯叠加的结果，而是系统要素之间相互联系、共同作用的结果。此外，系统研究要坚持动态的观点，系统的复杂性和多变性使系统一直处于一个动态变化的过程，因此要时刻把握系统动态变化的特征，在动态中协调不同要素之间，要素与整个系统之间的关系，以保持个体目标与系统总目标的一致。

英语课堂教学虽然只是一个微观的教学系统，但也包括复杂的结构关系、交互关系，并体现出复杂性、动态性、平衡性等特征，因此组织和开展英语课堂教学需要遵循系统性原则。

（二）人本性原则

"以人为本"的人本主义思想是古今中外教育理论的核心思想。人本主义思想肯定人的价值和尊严，强调教育的目的就是激发个体的潜能，帮助个体实现最大程度的发展。

运用人本主义思想理论指导英语教学，首先要确立英语课堂教学的目标是培养"完整的人"。学生不是教师完成教学目标的实验对象，而是一个有思想、有情感的主体，是一个具有一定认知能力、批判思维和创新意识的主体。因此，要想建立一个科学有效、动态和谐的英语课堂教学系统就必须考虑到学生的认知能力、学习风格和情感特征等因素。教师在树立教学目标、选择教学内容、设计教学活动、开展教学评价等教学活动中要时刻关注学生的意见，保证学生的参与度，发挥他们的主观能动性，激发他们学习和创造的潜力。

人本主义思想要求教师在开展英语课堂教学的过程中根据不同学生的个性特征实施教学计划，培养独立、发展全面的个体；除此之外，人本主义思想还要求教师与学生建立和谐稳定的师生关系，让和谐、融洽的师生关系激发学生参与课堂教学的积极性、提高学生配合教师开展教学的主动性，从而增强学生学习英语的信心，促进学生健康、独立人格的形成。当然，和谐、融洽的师生关系也有利于提高英语教师的工作热情、激发教师开展教学的创造力，从而提高教师的教学水平，实现教师的职业理想。总而言之，师生的共同进步是动态和谐英语课堂教学的价值追求。

（三）有效性原则

英语课堂教学必须坚持有效性原则。有效教学在教学目标上的体现是实现学生知识、技能、人格的全面发展，培养学生的自主学习能力和终身学习能力，提高学生的综合文化素养；在教学过程上的主要体现是教师的教学效能和学生的学习效能都处于一个较高的水平；在教学效果上的主要体现是学生具有较强的英语综合应用能力，特别是使用英语开展跨文化交际的能力。

三、基于系统论的英语课堂教学策略

（一）构建多元互动的教学模式——混合学习教学模式

伴随着互联网信息技术的迅速发展，线下的课堂教学模式不再是英语教师唯一的选择，因为课堂教学的时间有限，教师和学生之间、学生和学生之间互动的时间有限；但单一的线上教学往往达不到理想的教学效果，因为线上的交流与互动不如线下的交流互动更真实、更有效。基于这一困境，有研究者提出了英语教学的混合学习教学模式。

1. 混合学习的概念

混合学习模式是当代教育学界所关注的一种热门学习模式，但不同的人对"混合"二字的理解不同。有些学者认为混合学习就是多种学习理论和教学理论指导下的学习模式，例如，由认知主义、建构主义、行为主义理论指导设计出的学习模式。有些学者认为混合学习综合了"以教为中心"和"以学为中心"两种教学模式。有些学者认为混合学习应同时包含面授学习模式和在线学习模式，这种看法与将混合学习定义为多种数字媒体结合学习模式的观点类似。还有些学者认为混合学习是面授学习、自主学习与合作学习模式的融合。

在学校教育、教育机构培训或社会教育培训项目中，依据教育培训的目标、学习者的学习需求、教学资源的类型和教学活动的设计，结合传统学习方式、数字化学习方式和在线学习方式形成的综合学习方式。就目前的实际应用情况来看，混合学习模式大多是将面授学习和在线学习两种模式结合在一起帮助学习者学习的模式，目的是使学习变得更轻松、更有效，使学习者获得更好的学习效果。另外，在单一的在线学习模式中加入面授学习的环节，弥补了在线学习不利于监督管理等方面的缺陷。

2. 混合学习教学模式的构建

互联网信息技术和多媒体技术在高校英语教学中的广泛应用促进了以教师为主导、学生为主体的混合学习教学模式的搭建。混合学习教学模式下的高校英语教学对教师的教学能力、教学技术等各方面也提出了新的要求。英语教师不仅要灵活运用以教为主的教学策略和以学为主的学习方式，同时还要搜集、整理各种可以用于混合学习模式的教学资源，设计混合式教学方法。本书从英语教学的实际情况出发，综合考虑英语教学中的语言知识、语言技能、情感态度、文化意识、学习策略五个方面的内容要求，构建了适用于英语教学的混合式教学模式，该模式依托网络交互式教学平台开展，由课前、课中、课后三个教学阶段构成。

课前阶段，也称学习者的预习阶段，由观看微课视频和参与线上交流讨论两部分组成；课中阶段，也称学习者的正式学习阶段，由上机自主学习和课堂面授教学两个部分组成，其中自主学习模块又包括语音识别、人机互动、仿真场景、学习评价、交流平台五个组成部分，面授教学模块则由小组活动、成果汇报、课程总结和评价反馈四个部分组成；课后阶段是学生巩固和复习所学内容的阶段，包括完成作业、素质拓展和交流讨论共三个部分。

根据以上介绍可以看到基于网络交互式教学平台构建的混合学习教学模式中，教师的角色发生了转变，他们不再是传统意义上的讲述者、灌输者，而是学生学习过程中的帮助者和支持者，教师在课前和课后的准备及评价工作中需要付出的努力会更多，而学生在整个学习过程中的主体地位得到了保障，这与传统教学模式注重教师讲解、忽视学生学习状态的做法差别很大。

3. 混合学习课程的设计与实施

在英语教学活动中，混合学习课程的设计与实施可以分为三个阶段，即课前阶段、课中阶段和课后阶段。

（1）课前的设计。首先，混合学习课程的课前设计需要英语教师利用微课设计软件为自己的课程设计一个在线课程，然后根据英语教学大纲和教学目标的要求归纳教学知识点并创建相应的教学知识页面，随后将各种自主创设的教学内容上传至教学资源库中，最后在各章节的页面中编辑好需要学生自主预习的内容。

与此同时，英语教师还需要制订课程的学习计划，包括学生自主学习和参与面授教学活动的计划，在课程论坛或者聊天群中发布学生开展课前讨论的问题，通过设计在线考试检查学生的预习情况以及知识掌握情况，然后据此为全班学生创建分组并设置小组任务。在完成以上工作之后，教师就可以利用网络交互式教学平台的消息功能向学生发布课程预习通知，引导他们在课前浏览自主学习的内容，查阅相关资料，为下一堂课的参与做好准备。正所谓"预则立，不预则废"，学生课前是否做好预习，对最终的学习效果有很直接的影响。传统课堂教学模式下，教师虽然可以要求学生进行预习，但无法干预学生的预习行为，也无法保证其预习效果。但在混合学习课程中，教师不仅可以通过平台的学习记录进行检查和跟踪，还可以通过多种网络手段加以提醒和监督。

（2）课中设计与实施。在课程实施的过程中，教师可以按照平台记录的信息了解学生的知识掌握情况，并按照自己的教学习惯和教学方法组织和开展课堂教学。例如，在组织小组活动时，可以利用网络交互式教学平台对学生进行创建分组，以便于学生开展合作学习、成果汇报等课堂活动，培养学生的合作精神和团结协作的能力，同时也有利于提高教师的教学管理效率，因为教师可以指派不同的组长负责本小组的各项活动。又如，在人机互动和仿真场景的自主学习过程中，教师可以设计一些贴近学生生活或学生感兴趣的话题、场景帮助学生练习英语口语，提高学生的英语应用能力和跨文化交际能力。

（3）课后设计与实施。课后的课程学习分为机房自主课后学习以及课堂面授课后练习两部分，因此英语教师要针对这两部分的内容展开设计，这两部分的设计主要依赖于现有的互联网信息技术和学校构建的在线学习系统。

例如，有些学校的在线学习系统设有系统自带的题库资源，教师可利用这部分资源为学生布置课后作业，学生可以选择在学校机房、自己的笔记本电脑或手机上完成教师布置的题库作业，同时根据自己的个人情况，有针对性地挑选自己感兴趣或没有掌握好的模块进行练习。很多学校由于条件有限，还无法在整个校园内覆盖无线网络，因此学校在线学习系统为学生提供了离线学习的方式，一旦将需要学习的内容下载到手机或其他移动终端设备上，无论有没有网络学生都可以进行学习，等到网络连接上以后刷新一下，学习时长就会自动记录在学生的学习档案中。

又如，教师可以利用网络交互式教学平台布置学习任务或相关作业，作业形式除了系统自带的题库之外，还可以包括教师自主设计的写作和口语作业等，学生完成作业后从系统上交由教师批改。例如，有一种学生上机进行分角色口语练习的作业形式，这种作业形式要求学生在固定时间段提交以两人为单位进行视频及音频对话的作业。教师在开展日常教学活动的过程中可以通过该系统随时查看学生完成作业的进度，可以看到学生学习的时长、班级平均学习时长、完成相关学习任务的人数、未完成学习任务的人数以及表现好的学生的详细情况等。

不同学生学习英语的基础水平不同，因此英语教师可以专门为不同水平的学生设置相关学习要求，要求其达到具体设置的分数线。此外，有实验需求的教师还可以利用微信、微博等普及性较强的手机软件及时获取学生的反馈信息并与学生开展实时交流。课程内容设计取材于真实的情景式对话，教师要引导学生观察生活中同样的话题用中文和英文表达存在的差异，启发学生的思考，鼓励学生与其他同学通过社交平台等渠道进行分享，从而进一步了解英语语言文化与汉语语言文化的异同。

此外，不只是学校的多媒体硬件设施和在线学习系统可以帮助学生在课后进行学习。社会上还有很多专业人士开发了很多有趣的英语学习 APP，例如，"英语趣配音"是一款通过配音模仿锻炼学习者英语口语的 APP。这一软件中收集了很多英语原味的视频资源，用户首先可以看到很多地道的英语表达和精彩的故事情节，但该软件不只是将这些视频资料整合在一起，而是利用视频剪辑软件将原视频内容切割成了一句一句的英语，因此用户就可以根据个人学习需求和强项逐字逐句地进行模仿练习。该软件可以将用户配音和原有视频片段进行技术合成，进而形成一个完整的配音片段，学习者可以将自己配音的影视剧片段发布到自己的微博、朋友圈等软件上，如果配音配得好，还会收获大批的粉丝。

（二）构建多元动态教学评价体系

教学评价是对教师的教学活动和学生的学习行为作出价值判断的过程，是教学的重要组成部分。教学评价可以为教师提供反馈信息，以便教师更好地开展教学设计、组织教学活动。基于系统论的英语教学评价应该将教学与评价相融合，构建一个多元动态教学评价体系，形成"在教学中评估、在评估中教学"的模式，以实现学生的个性化发展和学习。要构建一个多元动态的教学评价体系，主要需要考虑以下三个方面的内容。

1. 评价主体多元动态化

传统的教学评价活动通常是由教学工作的管理者组织并开展的，学生甚至教师往往处于评价活动之外，但系统观、动态观理论认为，无论是对教师教学活动的评价还是对学生学习行为的评价，都应该让教师和学生参与其中。因此评价主体的多元动态化包括学生的自我评价、教师对学生的评价、学生之间的相互评价以及网络教学系统对学生的评价（图8-7）。

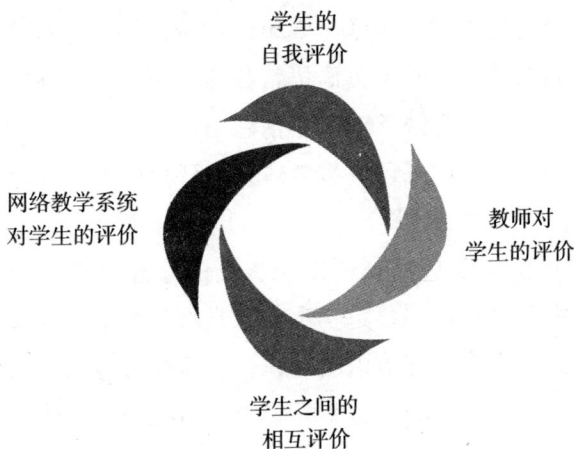

图8-7　评价主体多元动态化的四个方面

（1）学生的自我评价。学生的自我评价是指学生要对自己在某一阶段的学习表现进行评价。例如，学生可以通过电子日志的形式记录自己在学习过程中的心路历程、对学习计划的执行度和完成度、在学习中遇到的困难和解决办法、对学习成果的总结和反思等。

（2）教师对学生的评价。教师对学生的评价分为可量化的内容和激励性的内容两部分。课堂表现、第二课堂活动表现、随堂测试、单元测试是可以量化的。对学生的口头评价、书面评语等则主要涉及学生的情感态度、学习策略等，起到的是警醒、建议或激励的作用。

（3）学生之间的相互评价。学生之间的相互评价不是随心所欲的评价，相反，在开始评价之前教师要制定出科学的评价标准，严格控制，规范操作，避免流于形式。教师要引导学生正确认识他人对自己的评价，不能只接受好的评价，拒绝真诚的、需要自己改正错误的评价。

（4）网络教学系统对学生的评价。学生利用网络教学系统开展学习、练习和在线测试，在这一过程中，网络教学系统可以针对学生的这些学习行为展开评价。网络教学系统对学生的评价具有客观、高效的优点。教师必须熟练掌握网络教学管理平台的操作方式，事先设定好评价的内容和规则，充分发挥网络教学系统激励学生学习的作用。

2.评价内容多元动态化

传统的教学评价更注重对学生学习效果的评价，特别是对英语语言知识掌握情况的评价，而忽视了对学生英语语言技能、跨文化交际能力以及其他英语综合运用能力的评价，更缺乏对学生情感态度、学习策略和意志品格的评价。针对上述问题，多元动态评价教学体系将评价的内容设定为对学生智力因素的评价和非智力因素的评价。

对智力因素的评价主要包括英语知识、英语综合应用能力、跨文化交际能力的评价。其中英语知识主要是学生在课堂教学中学到的知识，包括英语语音知识、英语词汇知识和英语语法知识；英语综合应用能力包括英语的听、说、读、写、译等技能；跨文化交际能力是指处理跨文化交际实践过程中出现的各种文化问题的能力，如文化差异、文化意识、文化态度、文化情感等问题。在实际的跨文化交际活动中，跨文化交际能力表现在交际的得体性和有效性方面。

交际的得体性是指跨文化交际参与者的言行符合目的语文化的价值观念、行为模式和社会规范。交际的有效性是指跨文化交际参与者能够实现自己的交际目标，达到交际的目的。总之，跨文化交际能力具有内在性，可以由参与者根据自己的观念意识进行知识输入、技巧输入，然后下达交际命令，完成交际行为。

对非智力因素的评价内容主要包括学习策略、意志品格和情感态度的评价。其中学习策略主要包括认知策略、元认知策略、记忆策略等；意志品格主要包括学习过程中遇到困难时坚定意志和不会轻易放弃的信念；情感态度包括学习英语和用英语参与跨文化交际活动的真实情感和正确态度，学生要想提高自己的跨文化交际能力，就必须了解自身的情感态度。

因为人们在与不同文化背景下的人进行沟通时，往往会带有一种由预先印象或文化定式所造成的情感态度。这些交际前的态度给交际活动参与者戴上了有色眼镜，使其不能如实地评价对方的交际行为给自己带来的感受，甚至对对方的言语行为产生误解。如果参与者能提前意识到一点，就能在很大程度上克服先入为主的消极情绪，从而减少负面情绪对交际的影响，体验跨文化交际活动带给自己的真实感受。

3.评价形式多元动态化

评价内容的多元动态化决定了评价形式的多元动态化。不同的评价内容需要采用不同的方式进行评价。例如，如果要评价学生对英语基础知识和英语技能的掌握情况，就可以采取形成性评价的方式，利用随堂测验、单元测验、计算机辅助听力测试、口语测试、英语技能竞赛采集学生的成绩数据，形成评价结果，而如果要评价学生的非智力性因素，则可以采取电子档案式评价方法采集教师的书面评语、学生之间的评语和教师对学生的阶段性建议，或者采用定性的方法将评价结果纳入量化的范围。如果要同时评价学生的英语基础知识和语言综合应用能力，则可以采取终结性评价方式，这种评价方式一般通过期中和期末两次考试进行。

参考文献

[1] 袁德玉.认知语言学基础上的语言衔接 [M].成都：电子科技大学出版社 ,2017:12.

[2] 张秀萍.认知语言学理论视角下英语教学新向度研究 [M].北京：中国商务出版社 ,2018:5.

[3] 于翠红.认知语言学视角下的二语习得研究范式 理论与实践 [M].青岛：中国海洋大学出版社 ,2018:11.

[4] 张艳玲.英语教学的理论、模式和方法 [M].青岛：中国海洋大学出版社 ,2018:10.

[5] 郭炜峰,董奕杚.英语教学与文化传播 [M].延吉：延边大学出版社 ,2018:10.

[6] 张绍全.中国英语学习者多义词习得的认知语言学研究 [M].重庆：重庆大学出版社 ,2010:4.

[7] 吴斐.认知语言学实证研究通论 [M].武汉：武汉大学出版社 ,2012.

[8] 翟艳.认知语言学与基本情感词 [M].太原：山西人民出版社 ,2009.

[9] 黄娟.英语教学理论体系建构与实际应用研究 [M].长春：吉林人民出版社 ,2019.

[10] 周保群.大学英语教学模式与课程建设研究 [M].重庆：重庆大学出版社 ,2020.

[11] 孙川,王素雅.信息技术支持下的高校英语教学模式创新 [J].食品研究与开发 ,2022,43(24):246.

[12] 崔艳杰.“双创”背景下的高校英语教学模式创新研究 [J]. 食品研究与开发 ,2022,43(24):239-240.

[13] 袁媛 .ESP 理论视角下以内容为依托的商务英语教学模式研究 [J]. 佳木斯大学社会科学学报 ,2022,40(6):223-226.

[14] 李思颖 , 龙璐 . 从英语教学模式探究“中国文化失语症”现象 [J]. 海外英语 ,2022(22):178-180.

[15] 亓顺红 , 田慧 , 袁哲 , 等 . 基于虚拟现实的交互式体育英语教学模式研究 [C]// 中国体育科学学会 . 2022 年第十四届全国体育信息科技学术大会论文摘要汇编 ,2022:183.

[16] 申志华 . 高校英语教学模式创新的多维审视 [J]. 食品研究与开发 ,2022,43(21):241.

[17] 刘春宏 . 远程教育背景下高校英语教学模式的研究 [J]. 海外英语 ,2022(18):122-123.

[18] 庞夏雯 .“新文科”背景下高校英语教学模式创新 [J]. 海外英语 ,2022(13):128-129,145.

[19] 于欣宏 . 教育信息化环境下大学英语教学模式创新研究 [J]. 山东商业职业技术学院学报 ,2022,22(3):39-42.

[20] 鄢盼盼 . 跨文化英语教学模式下大学生自主学习能力的培养研究 [J]. 校园英语 ,2022(22):73-75.

[21] 李玉玲 . 多元文化视域下高校英语教学理论与实践 [J]. 产业与科技论坛 ,2022,21(22):199-200.

[22] 杨倩 . 英语教学理论与现代化互联网教育技术研究 [J]. 海外英语 ,2022(19):115-116.

[23] 雷宇 . 全球化背景下的英语教学理论、研究方法与实践——评《英语教学新发展研究》[J]. 外语电化教学 ,2022(3):99.

[24] 黄丽鋆 , 莫旻荧 . 基于英语学科核心素养的本土英语教学理论建构分析 [J]. 湖北开放职业学院学报 ,2020,33(18):168-169.

[25] 刘娜 . 多媒体环境下英语教学理论与教学活动探析 [J]. 校园英语 ,2020(33):104-105.

[26] 万垚 . 后方法时代英语教学理论的范式重构 [J]. 教学与管理 ,2020(18):110-112.

[27] 李月 , 王恩东 . 本土英语教学理论下的英语教师核心素养架构研究 [J]. 课程教育研究 ,2020(20):210-211.

[28] 刘家琪 . 新时期高校英语文化教学及其生态优化对策分析 [J]. 校园英语 ,2022(51):12-14.

[29] 曹梦月 , 王俊 . 人工智能时代 OBE 理念下大学英语文化教学策略研究 [J]. 教育教学论坛 ,2022(18):161-164.

[30] 丁道婧 . 英语文化教学中的探究、对比和品味 [J]. 安徽教育科研 ,2022(11):27-28.

[31] 张敏 . 课程思政融入大学英语文化教学的策略研究 [J]. 海外英语 ,2022(1):100-101.

[32] 陈小红 . 国际传播视域下大学英语文化教学策略研究 [J]. 安康学院学报 ,2021,33(6):68-71.

[33] 吴立岗 . 语言实践能力的内涵与培养 [J]. 小学语文 ,2020(6):1.

[34] 郭百学 , 罗晶晶 . 英语学科核心素养之语言能力内涵解读 [J]. 英语教师 ,2020,20(8):12-14.

[35] 林玉涵 . 中文语言文化建设的内涵及发展状况 [J]. 科学中国人 ,2016(3):149.

[36] 陆湘玲 . 浅谈从认知语言学获得的语言习得的启示 [J]. 教育现代化 ,2018,5(52):267-268.

[37] 罗江燕 . 论认知语言学的语言习得观 [J]. 才智 ,2016(20):204.

[38] 甄强 , 马卫华 . 刍议认知语言学三个基本假设与语言习得 [J]. 赤峰学院学报 (汉文哲学社会科学版),2016,37(4):187-188.

[39] 孙凡黎 . 二语习得的认知语言学观 [J]. 文理导航 (下旬),2015(8):19.

[40] 李丽瑶 . "认知"对第二语言习得的启示 [J]. 学术交流 ,2009(8):151-153.

[41] 刘生然 . 基于认知语言学的大学英语翻译教学研究 [J]. 现代英语 ,2022(21):55-58.

[42] 夏思聪 . 基于认知语言学原理的大学英语专业英语语法课堂教学创新研究 [J]. 英语广场 ,2022(31):84-87.

[43] 任艳芳 , 曹红 . 基于认知语言学的高校英语教学模式创新 [J]. 佳木斯大学社会科学学报 ,2022,40(1):218–220.

[44] 程中芳 , 张廷群 . 认知语言学视角下的大学英语微课教学设计与应用研究 [J]. 广西教育学院学报 ,2022(1):161–165.

[45] 李育青 . 认知语言学视角下英语被动语态教学方法探讨 [J]. 英语广场 ,2021 (32):125–127.

[46] 程炜丽 . 基于认知语言学的大学英语口语教学模式研究 [J]. 海外英语 ,2021(16):76–77.

[47] 罗楚云 . 认知语言学理论下的大学英语语法教学新思路 [J]. 品位·经典 ,2021 (8):157–160,164.

[48] 秦洁 . 认知语言学启示的英语动词短语课堂教学设计 [J]. 科教导刊 ,2021 (4):146–147,165.

[49] 陈秋帆 . 认知语言学语境下的大学英语教学研究 [J]. 才智 ,2020(24):46–48.

[50] 胡晓霞 , 景美霞 . 认知语言学视角下的大学生英语习得研究 [J]. 长治学院学报 ,2020,37(1):58–61.